「居住の権利」とくらし

東日本大震災復興をみすえて

家 正治【編集代表】
早川和男・熊野勝之・森島吉美・大橋昌広【編】

本書の刊行に寄せて

一九四八年の世界人権宣言の採択のように、人権の国際的保障は、戦後の国際法の一つの大きな特徴であり、思考したり行動する際の大きな価値基準となっている。また、日本国憲法の基本的人権尊重主義は憲法の三大原理の一つとなっている。人権は、日本国憲法が宣明しているように「侵すことのできない永久の権利」であり、「不断の努力」によってこれを保持しなければならないものである。

世界人権宣言は、十分な（adequate）生活水準についての権利について規定し、その具体的な内容の一つとして住居を含めている。さらに、宣言を条約化した国際人権規約の一つである社会権規約は、住居を一内容とする十分な生活水準・生活条件について定め、もはや居住権は実定国際法上の権利として確立している。

東日本大震災による被災者はこの「居住の権利」を奪われたのであり、「被災からの居住の回復は基本的人権の復権」として受けとめられねばならない。右に述べた、世界人権宣言や日本国憲法の原理の実践である。だが、被災地での居住復興は遅々として進まず、多くの被災者は人権回復を果たせずに生活再建に苦しんでいる。

このことは、居住保障を人権の一環として認識しとり組んで来なかった日本政府の日常的怠慢の反映といわねばならない。零細密集過密危険住宅居住による日々の災厄は枚挙に暇がない。交通事故死の倍近い毎年一万三〇〇〇人を超える家庭内事故死、頻発する火災での子ども・高齢者などの焼死、ローン破綻や重い住居費負担が招く家庭崩壊などの諸悲劇、借地借家人の権利侵害、建て替えによる強制立ち退き、様々のかたちでのホームレス、居住差別等々、そして災害は人々を人権侵害の極致に追いやるのである。

日本政府には「居住の権利」を基本的人権とする認識は希薄であり、前述の国際的諸規範に違反している。また国民自身、自らの権利を自覚することに乏しい。そのことが、この国の貧困、格差、人々の精神的・社会的不安の病巣としての諸弊害、人権侵害を噴出させているように思われる。この状態を変革せずに、安全安心に生きられる社会、将来に希望の持てる未来はつくれない。東日本大震災での居住復興の遅れと非人間性はあらためて極端なかたちで、その課題を私たちに突きつけているのではないだろうか。

「行動のない理念は無価値であり、理念な行動は凶器である」という箴言がある。本書は、日常居住差別を受け、居住権確立のために闘っている被差別部落（同和地区）住民を支援する多分野の学者、弁護士、専門家、地方議員、市民、組合運動家など各界各層の人々によって執筆されている。

第Ⅰ部は、居住問題・居住の権利を震災との関連で考察する。また、世界の人々の居住権実現の運動を紹介している。

第Ⅱ部は、被差別部落住人に対する居住権侵害の実態と裁判、部落解放　運動の今日的意義について述べている。

第Ⅲ部は、多分野の人たちによる「居住の権利エッセイ」である。

私たちの思いは遥か東日本大震災被災者に、そしてまた居住貧困・居住の権利侵害に苦しみ闘っている人々に向けられている。その思いが少しでも届くことを心から願ってやまない。

なお、出版状況の厳しい中で本書を発行して下さった藤原書店・藤原良雄社長及びお世話下さった編集部の刈屋琢氏に厚くお礼申しあげます。

二〇一二年二月

編集代表　家　正治

「居住の権利」とくらし　目次

第Ⅱ部　被差別部落と居住権　113

第Ⅲ部　コラム　211

「居住の権利」とくらし
——東日本大震災復興をみすえて

第Ⅰ部　震災と居住問題

東日本大震災と居住の権利

熊野勝之

一　「お墓にひなんする　ごめんなさい」

「『お墓にひなんします　ごめんなさい』と書き残して福島県南相馬市の緊急時避難準備区域に住む九三歳の女性が六月下旬、自宅で自ら命を絶った。」

（『毎日新聞』二〇一一年七月九日）

「お墓にひなんします　ごめんなさい」。この言葉ほど「環境にやさしい原子力発電」と宣伝される原発の残酷さを示す言葉はない。

人は自分が選んだ同じ場所に住み続けることが保障されて初めて精神の安定を得るし、生活が成り立つ。だから長年住み慣れた場所に引き続き住み続けたいと思う。その思いは高齢者ほど強い。ロバート・バトラーは「老人を住み慣れた環境から追い立てることは、実際に身体と感情の危険を伴う。多くの調査が、引越、特に突然の引越は、老人の場合に病気と死亡の起爆剤になりかねないことを示している」と述べている（早川和男『居住福祉』岩波新書、一九九七年、一一〇頁）。その思いを単なる「願い」でなく「権利」として保障するのが国際人権条約に定められた「**適切な居住に対する権利**」（略して「**居住の権利**」。「居住権」ではない）である。

冒頭の女性の言葉ほど「居住の権利」とは何か、「居住の権利」は何と両立し得ないかを考えさせる言葉はない。

「居住の権利」は、「**安全、平穏に、人間としての尊厳を持って生きる場所を持つ権利**」と定義される。

「安全」であるためには原発のような超毒物を敷地内に持つ汚染源から、平常時にも事故時にも放射能が届かないほど離れていなければならない。言い換えれば、人口密度が低くても既に人の住んでいる近くに原発を作ってはならない。地盤が、活断層の上であったり、建物の耐震性が不足していたりせず、津波、豪雨、土砂崩れなどから守られていなければならない。

「平穏」であるためには誰からも追い立てられない権利があり、その権利が脅かされないことが必要である。「尊厳」が保たれるには、住む人に必要な立地条件、設備、構造があり、ケアが必要な人にはケアが伴っていることが必要である。

さらに、「住み慣れた場所」というとき、それまで一緒に生活してきた家族、地域コミュニティーと共にという意味を含んでいる。このように「現在居る場所に住み続ける」ことを権利として認めるのが「居住の権利」である。ハコモノが立派でもこれらが満たされなければ、「居住の権利」の保障とは言えない。これは、当たり前すぎるほど当たり前のことのように思われるが、権利として認め、保障することに抵抗する勢力がある。

なぜ、権利として法律で認め、保障することが必要なのか。それは「適切な居住の権利」は個人の努力だけでは、確保できないからである。これほど重要な権利でありながら、日本の国会で作られた法律には「居住の権利」という言葉はない。

しかし、日本政府が一九七九年に批准した「経済的、社会的及び文化的権利に関する国際人権条約」（略して社会権条約）一一条は、すべての人に「居住の権利」を保障している。同時に批准された「市民的及び政治的権利に関する国際条約」（略して「自由権条約」）一七条一項は「何人も、その住居に対して恣意的もしくは不法に干渉されない」、二項は「すべての者は、一の干渉に対する法律の保護を受ける権利を有する」と「**住居に対する恣意的、不法な干渉をされない権利**」を保障している。放射能によって住めなくすることが不法な干渉であることは言うまでもない。以上から明らかなように、「住み続ける権利」と「住んでいる場所を不法に干渉されない権利」は楯の両面と言える。このことを敢えて述べる理由は、日本の裁判所は、社会権条約上の権利を権利として裁判所が扱うことに極めて消極的な態度をとっているが、自由権条約上の権利については裁判所が扱うことを認めて来ているので、自由権条約上の権利としても主張しておくメリットがあるからである。

そして、自由権条約二条三項は、締約国政府に「この条約上の権利を侵害された者に対する、効果的救済措置を受けることを確保する義務」を負わせ、「**効果的救済措置を受ける権利**」を保障している。ここでは社会権条約上の「居住の権利」を中心に述べる。

条約は、批准によって国内法としての効力をもつ。しかも、条約は法律に優越するから、条約に違反する法律は無効である。条約を批准した日本政府は「居住の権利」を保障しなければならない。しかし、非常に残念なことに、日本では、この条文は六法全書には載っているが権利として確立していない。そのことが幸せに老後を送っていた女性の命を奪ったのである。

言い換えれば、「居住の権利」が確立していれば女性の死は避けられた。なぜなら、「居住の権利」と原発建設は両立し得ないからである。にもかかわらず、建設が認められたのは、原発設置による「利権」があまりに強大であったからである。

少し長いが、日本ではまだ十分に知られていない「居住の権利」が何であり、どのように侵害されてゆくかが極めて具体的に書かれているので先の記事の引用を続ける。

「女性は同市原町区の静かな水田地帯で代々続く田畑を守り、震災時は長男(72)と妻(71)、孫二人の五人で暮らしていた。長男によると、以前から足が弱って手押し車を押していたが、家事は何でもこなし、日記もつけていた。

第一原発の二度の爆発後、近隣住民は次々と避難を始めた。一家も三月一七日、原発から約二二キロの自宅を離れ、相馬市の次女の嫁ぎ先へ身を寄せた。翌日、さらに遠くへ逃げるよう南相馬市が大型バスを用意し、長男夫婦と孫は群馬県片品村の民宿へ。長距離の移動や避難生活を考え、長男は『ばあちゃんは無理だ』と思った。女性だけが次女の嫁ぎ先に残ることになった。

四月後半、女性は体調を崩して二週間入院。退院後も『家に帰りたい』と繰り返し、五月三日、南相馬の自宅に戻った。群馬に避難している長男にたびたび電話しては『早く帰ってこお(来い)』と寂しさを訴えていたという。

長男たちが自宅に戻ったのは六月六日。到着は深夜だったが、起きていて玄関先でうれしそうに出迎えた。だが緊急時避難準備区域は、原発事故が再び深刻化すればすぐ逃げなければならない。長男夫婦が『また避難するかもしれない。今度は一緒に行こう』と言うと、女性は言葉少なだった。『今振り返れば、思い詰めていたのかもしれない』と長男は話す。住み慣れた家で、一家そろっての生活に戻った約二週間後の二二日。女性は庭で首をつった。

家族、先祖、近所の親しい人に宛てた四通の遺書が見つかった。家族には『毎日原発のことばかりでいきたここちしません』。先立った両親には『こんなことをして子供達や孫達、しんるいのはじさらしとおもいるが　いまの世の中でわ（は）しかたない』とわびていた。

葬儀で読経した曹洞宗岩屋《がんおく》寺前住職、星見全英さん（74）は『避難先で朝目覚め、天井が違うだけで落ち込む人もいる。高齢者にとって避難がどれほどつらいか』と心中を察する。

取材の最後、長男夫婦が記者に言った。『おばあちゃんが自ら命を絶った意味を、しっかりと伝えてださい』」

〔神保圭作、井上英介〕

「居住の権利」が確立していれば女性の死は避けられたと言えるのはなぜか。「居住の権利」は、「**現在住んでいる場所に住み続ける権利**」（right to remain）、であり「**汚染源を住居の近くに作られない権利**」である。

「現在住んでいる場所に住み続ける権利」を保障するには、政府は自ら住み続けることを困難にする原因を作ってはならないばかりでなく、作ろうとする私企業からも個人を保護しなければならない。原発がなければ、大地震、大津波があっても事故はなく、住み続けることを困難にする原因もないから、女性が自死することはなかったことは単純明快である。

「現在住んでいる場所に住み続ける権利」を保障するということは、万一、現在住んでいる場所から意思に反して立ち退かされた場合には**「元の場所に戻る権利」**（right to return）を保障していることになる。日本政府（裁判所）は、事故を起こした電力会社に、住民の**「元の場所に戻る権利」**の**「効果的救済措置」**として、事故を終息させることと併せて、**汚染した環境を除染し原状に復させる義務**がある。住民側から見れば**「原状回復を求める権利」**があることは明らかである。

また、除染が終わるまでの間、政府は住んでいた家を追い出された人々に「適切な居住の権利」を保障する義務があるから、人々を安全な場所に**「避難させる義務」**があり、住民側に**「避難場所を求める権利」**がある。

元の状態が回復されるまでに生じた**損害が賠償**されねばならないことは言うまでもない。除染には莫大な費用を要する。しかし、「安全神話」を振りまいて住民を騙し、本来、必要な地震・津波対策費を削り、これを広報費、学者への寄附、マスコミの接待費、高額の役員報酬、退職金、配当などに廻しておいて、金がかかるからできないという抗弁は成り立たない。

女性は、原発事故によって「現在住んでいる場所に住み続ける権利」を突然奪われ、一旦は、「元の場所に戻る権利」が保障されたかに見えたが、**「汚染源を住居の近くに作られない権利」**を否定された。「緊急時避難準備区域」は、いつ逃げ出さなければならないかわからない。「元の場所に住み続ける」とは、単に、同じ場所であればよいというのでなく、「住み慣れた場所で家族と共に住み続ける」ことであることは言うまでもない。女性は、家族と共に避難すれば元の場所に住み続けることを否定され、元の場所に住み続けようとすれば家族と住むことを否定される。事故は女性に過酷な選択を迫り、女性は若い世代を放射能から守るため、足手まといにならないように自ら命を絶った。原発事故さえ起こらなければ、女性の自死はなかった。

この一連の事実を見れば、女性の死と、日本に「居住の権利」が確立していないこととの因果関係は歴然としている。「居住の権利」が確立していれば、人を現在住んでいる場所から追い出す危険性のある最大の汚染源である原発を、住居から二二キロという場所に建設することは許されなかったからである。

日本で最初の原発取消訴訟（一九七三年提訴）の対象となった四国電力伊方原発は炉心から敷地境界までが七〇〇mである。伊方原発設置許可取消訴訟で、被告国側の専門家は、原発はそもそも事故を起こさないし、「万々一」の事故でも半径七〇〇mの外に有害な放射能が出ることはない、敷地の外の住民が事故で避難に要する時間など考えていないと豪語した。重大な事故の発生確率を極めて小さいものとした立地審査指針を作り、半径七〇〇mの敷地で原発の建設が可能になったのである。政府が「居住の権利」を守れば、条約を批准した一九七九年以降原発建設を許可できず、批准以前に許可された原発は維持できないことは一目瞭然である。関心のある方は拙稿「福島原発事故と伊方原発最高裁判決――三たび『天災と国防』を想う」（『法学セミナー』二〇一一年六月号）をご覧下いただきたい。

なぜ、日本に「居住の権利」が確立しないのか。それは、確立する義務のある、立法、行政、司法がこれを怠っているからである。これらの国家機関が怠る原因は、「居住の権利」が「原子力村」などを典型とする個人・企業の巨大な「利権」集団の利益と相容れないからである。

最高裁判所が、チェルノブイリ原発事故から六年後の一九九二年に言い渡した伊方原発取消訴訟・福島第二原発取消訴訟で住民の請求を認めていれば、福島第一原発の運転も停止されたはずである。そうなっていれば、南相馬市の九三歳の女性から「終の棲家」を奪い、命まで奪うことはなかったはずである。これは一人の女性とその家族だけの問題でなく、現在住居を追われている人、住居にとどまっている人、原発が停止されない限り、次の巨大地震・原発事故で住居を追われる人、すべてにかかわる問題である。

二　居住の権利の発見

「居住の権利」は、わが国では一九九五年一月一七日の阪神淡路大震災によって「発見」された権利である。「発見」という意味は、すでに一九七九年から存在していたが、政府の広報がなく、事実上隠されていたに等しいからである。

阪神大震災で一挙に多数の人が住居を失い、公式の避難所に入れなかった人々は学校や公園に住まざるを得なかった。神戸市は被災者が自立できる目処もない段階で早々と災害救助法に基づき給食義務のある避難所を閉鎖し、被災者を山奥の仮設住宅に追い込もうとした。しかも、災害救助法二三条に基づく仮設住宅の建設戸数は、信じられないことに、一九六五年五月一一日付厚生事務次官の都道府県知事宛通知によって「全焼全壊住宅の**最大限三割以内**」に制限されていた（『災害救助の実務――平成八年版』第一法規出版、一九九六年、八八頁）。だから絶対数が足りない。その上、山奥の仮設住宅では、職場まで交通費が一日一〇〇〇円かかる。

職場に近い学校や公園に住まざるを得ない。

人は夜安心して眠る場所がなければ生きて行けない。震災で疲れ果てた被災者がやっと落ち着いた場所から或る朝突然、「不法占拠になるから出て行け」と言われても行くところがない。誰も学校や公園に住みたくて住んでいるのではない。行き場所を失った被災者が大量に現れ、切羽詰まった。そのとき六法全書の透き間から**社会権条約一一条一項「居住の権利」**が「発見」された。調べてみると、日本の裁判所では考えられない豊かな解釈がなされていた。

居住の権利の発見は、被災者を救済したか。国連ＮＧＯ・ハビタット・インターナショナル・コアリション（ＨＩＣ）の調査団を招き、第二回社会権条約政府報告書審査に合わせてカウンターレポートを国連へ提出するなど運動と相まって、公園など不法占拠と決めつけられていた場所に「住み続ける権利」が、一定程度確保された。しかし、震災復興住宅に入り、孤立した被災者が家賃が払えなくなって判決で追い出された例は少なくない。京都府下ウトロの在日朝鮮人の集落は、判決で負けながらも、運動と相まって「住み続ける権利」が確保されつつある。公平のためという抽選で被災者がコミュニティを破壊されてバラバラにされ、仮設住宅で孤独死を招いたことの反省から、山古志村などその後の震災被災者がコミュニティーを維持する上で一定の役割を果たした。東日本大震災被災者、原発事故被災者の救済に「居住の権利」が有効か否かは、この権利をよく知り、断固として闘うか否か、一人一人の決意と住民の団結にかかっている。

阪神大震災での居住の権利の闘いについては拙編著『奪われた「居住の権利」——阪神大震災と国際人権規約』（エピック、一九九七年）をご参照下さい。

三　なぜ国際人権条約なのか

憲法は、その国の価値の優先順位を決め、その優先順位に従って政治を行う仕組みを決めた最高規範である。従って、今回の大震災のような非常事態には、憲法の優先順位に従って対策が取られているのかが国会やマスコミで論じられて然るべきであるが、論じられたことはない。それほど、わが国では、憲法の影が薄く機能していない。それは、立法、行政、司法を担う人々の人権に対する無理解があり、現実に政治を行う政権党と官僚はしばしば支持基盤や自己の天下り先を確保するために、憲法の定めた優先順位を無視して裁量権を行使し、特定の企業の利益を図ることが常態化しているからである。

今回の福島第一原発の事故は、「原子力村」と呼ばれる、電力会社、原子力産業、政治家、官僚、学者、報道関係者などの利権の構造をはからずも明らかにした。

国の財源は限られているから、憲法などが保障する人権を権利として確立すると、その権利を優先して予算を使わねばならなくなり、官僚の裁量権の余地が小さくなり官民の癒着による利権が少なくなる。そこで行政権をになう官僚は人権を実現する憲法、法律を嫌い、権利として確立することに反対する。

憲法八一条は「最高裁判所は、一切の法律、命令、規則又は処分が憲法に適合するかしないかを決定する権限を有する終審裁判所である」としている。行政の誤りを正してくれればよいが、「国策裁判」になるとほとんど行政に追随する。

最高裁は一九六七年の朝日生存権訴訟判決で「すべて国民は、健康で文化的な最低限度の生活をする**権利を**

有する。」とはっきり書かれている憲法二五条の権利を「国の責務を**宣言**したにとどまり個々の国民に対し具体的**権利を付与したものではない。**」と言ってしまった。

更に、**一九八九年三月二日塩見年金訴訟判決**で、社会権条約九条の社会保障の権利は、政策の**宣言**であって権利でないと決めつけ、先の朝日訴訟判決を国際人権条約の解釈に、ほとんど議論することなく横滑りさせた。この判決は国連でも社会権条約の解釈が発展していない時期のものであるが、国連で豊かな解釈が発展した後も生き残っている。

国際人権条約はなぜできたのか。人権をそれぞれの国の主権の問題として、ナチスドイツのような人権侵害があっても他国は干渉できないとすると、人権は守られない。それだけでなく戦争の温床となる。この第二次世界大戦の苦い経験を踏まえ、連合国の間で、平和の維持には人権を国際連帯と監視によって実現・保障するシステムが不可欠であるとの認識から国連が生まれた。

まず、人権の共通理解として「世界人権宣言」が作られ、これに法的な拘束力を与えるために**社会権条約**、**自由権条約**という二つの国際人権条約が作られた。

この条約に加盟すると（加盟した国を締約国と言う）、条約に定められた権利を実現する義務と、その実現状況を五年毎に国連に報告し審査を受ける義務が発生する。締約国政府が、国際人権条約上の義務を守らない場合、国連は、どうやって人権を実現するのか。経済制裁で強制することはしない。当事国の名誉心、廉恥心に訴える方法である。直訳すれば「**恥の動員**」（mobilization of shame）と呼ばれる方法である。関心のある方は、拙稿「『居住の権利』の発見」（早川和男他編『居住福祉学と人間――「いのちと住まい」の学問ばなし』三五館、二〇〇二年、一二三頁）をご覧いただきたい。

人権は、あなた頼みでは実現せず、一人一人の「不断の努力」が不可欠であるが、国内の最終の人権救済機関である最高裁判所があまり頼りにならない以上、国際人権条約という国際連帯のシステムを二一世紀に生きる私たちが使わない手はないのである。

国連総会は、自由権条約と共に、自由権条約上の権利を侵害され、国内の裁判所が救済してくれない場合に、個人が、自国政府を通じずに直接、自由権条約委員会に通報し、自国政府に勧告してもらう制度、「**個人通報制度**」を採択している。二〇一一年八月現在一一二カ国が加盟しているが日本はしていない。さらに、国連総会は二〇〇八年一二月一〇日、世界人権宣言採択六〇周年を記念して社会権条約についての個人通報制度を採択した。もはや、社会権条約上の権利は、政策目標であって個人が裁判所に救済を求められる権利ではないというこの国の最高裁の解釈は、国際的に成り立たないのである。

四　「一般的意見4」（居住の権利）

国連は、社会権条約を国際的に実現させてゆく任務を負う機関として社会権条約委員会を設け、委員会は各国が権利実現すべき基準とするために条文を解釈し、これをゼネラルコメント（一般的意見）として番号を付けて公表している。社会権条約委員会は、他の個別の権利に先立ち一九九一年「適切な生活水準に対する権利から生ずる適切な居住の権利は、すべての経済的、社会的及び文化的権利の享受にとって中心的重要性をもつ」との認識に立って「一般的意見4」を公表した。住居がなければ、労働の権利をはじめ社会保障、健康、教育、文化的生活のいずれの権利も十分に享受できないからである。

「一般的意見4」は、適切な居住の権利を「**すべての人は、安全、平穏に人間としての尊厳をもって住む場所を持つ権利**」と定義している。これは財産の有無、貧富の差に関係なく保障されるべき権利である。その第八項は、文化の違いを超えて居住の権利の最低の共通の要素として以下のa〜g七項目を挙げている。

(a) 占有の法的保障。占有(tenure)は、賃貸、自己所有、避難所など土地又は建物の占有を含む非公式の定住(informal settlement)を含めたさまざまな形態をとるが、その種類にかかわらず、すべての人は、強制立ち退き、嫌がらせ及び他の恐れに対する法的保護を保障する程度の占有を有するべきである。政府は、影響を受ける人との真正な協議(genuine consultation)によって、現在そのような保護を欠いている人に対し占有の法的保障を与えるための即時の措置を取ること。

(b) サービス、設備の利用可能性。健康、安全、快適さ及び栄養にとって不可欠な一定の設備を含むこと。安全な飲み水、調理、暖房、照明、衛生及び洗濯設備、食料貯蔵手段、ごみ処理、排水、緊急サービスに対する継続的なアクセスなど。

原発のある双葉町の町民一四〇〇人が避難している埼玉県加須市の廃校・旧騎西高校に避難してきた農業を営んでいたAさん(70)は、避難所に入浴の設備はないが、銭湯に毎日入る経済的余裕はなく、三日に一度。食事は朝夕弁当、昼パン。それで体調を崩す人が多くインフルエンザが流行っていた。「避難所に近い、騎西小学校に編入した子どもたちがいじめにあっている、という話がある。風呂によく入れないから、それで汚いと言われるのだそうだ。『だれも好きこのんでここにいるわけではない』とBさんは悲しそうな表情を見せた」(鎌田遵「福島原発避難民を訪ねて」、石橋克彦編『原発を終わらせる』岩波新書、二〇一一年、所収)。阪神大震災の経験からも心身を癒す入浴設備は、避難所に不可欠である。

（c）居住費用の家計適合性。居住にかかる費用は、家計中の他の基本的なニーズを圧迫することのないレベルであること。

（d）居住可能性。適切な広さがあり、寒さ、湿気、熱、雨、風、その他の健康への脅威、構造的危険、病原菌媒介生物のないこと。物理的安全性が確保されていること。

「廃校での暮らしは、教室の床に畳を敷いただけの空間に約三〇人もの人たちと一緒にいる。今の暮らしは、容易なものではない」（同前）。

（e）アクセス可能性。適切な居住は、権利を有する者にとって入手可能であること。不利な状況にあるグループ、老人、子供、身体障害者、自然災害の被害者、災害を受けやすい地域に住む人などは優先的配慮が確保されること。

「廃校での暮らしは、これからもしばらく続くことになりそうだ。福島県内に仮設住宅ができたにしても、県内に避難した人たちが優先され、自分たち県外に出たものは忘れられてしまうのではないか、との不安が高まっている」（同前）。

（f）立地条件。雇用の選択肢、健康ケアサービス、学校、児童ケアセンター、その他の社会設備へのアクセスを可能にする場所にあること。職場への往復の時間、費用が、貧しい家庭の予算に過度の負担を課すからである。同様に、住居は、汚染された地域にも、居住者の健康に対する権利を脅かす汚染源に直近の場所にも建築されてはならない。

（g）文化的相当性。略。

「適切な居住」を含む「適切な生活水準の権利」という、たったこれだけの文言から、「条約法に関するウィーン条約」三一条に忠実に従い、社会権条約前文「人類社会のすべての構成員の固有の尊厳および平等のかつ奪い得ない権利を認めること」を考慮に入れて解釈し、このような豊かな内容を導いている。

これに対し、日本の裁判所の現状は、先に述べた塩見事件最高裁判決の解釈を、国際的に豊かな解釈が発展した今日においても、あたかも某有名料亭で前の客が箸を付けなかった鮎の塩焼きのように、二〇年以上も「使い回し」するだけで一片の新しい解釈も生み出さない。

最高裁が「居住の権利」を認めないために原発の放射能によって何の罪もない人々が住まいを追われた。放射能の影響を受けやすい妊婦、幼い子を抱えた親に大きな不安を与え、将来ガンの発生などの被害を与えるおそれが極めて大きい。丹誠込めた農作物、大切に育てた家畜を台無しにされ、有機農業に力を入れてきた農家のあるじが自ら命を絶ち、農家は生計の手段を奪われつつある。これは、私企業による「適切な生活水準の権利」の侵害であるが、政府はこれを侵害する東電から農家を保護する義務がある。

五　締約国政府の義務の三つのレベル

締約国政府は、個人の人権を実現する（侵害しない）ために三つのちがったレベルの義務、すなわち尊重義務、保護義務、充足義務を負う。義務を分類することの意味は、社会権をすべて充足（給付）義務のように捉えて、予算の裏付けが必要だから国会の裁量に任され、裁判所は判断できないという考え方の誤解を解く効果である。

尊重義務

個人が自分の努力で居住の権利を享受している、しようとしている場合、政府がこれを尊重する義務。最も基本的なものが、住宅用地を買おうとしている人に、活断層がないかなど個人では得にくい**情報の提供、**強制立ち退きを原則として控えることなどである。

健康に対する権利に関する「一般的意見14」の三四項は「締約国の具体的な法的義務として健康に関連する情報を差し控えないこと」と定めている。

二〇〇一年八月三一日、第二回日本政府の報告書審査を踏まえて社会権条約委員会が出した総括所見二二項は「委員会は、報告された原子力発電所事故、及び当該施設の安全性に関する**必要な情報の透明性及び公開**が欠如していることに懸念を有するとともに、原子力事故の予防及び処理のための、全国規模及び地域社会での**事前の備えが欠如**していることに懸念を有する」と述べ、四九項は「委員会は原子力施設の安全性に関連する問題に関し周辺住民に対しすべての必要な情報の透明性および公開性を促進することを勧告する。さらに締約国に対し**原子力事故の予防**および事故がおきた際の迅速な対応のため、**準備計画を策定**することを要求する」と明記している。

今回の福島原発事故に関する東電、政府の事故の予防、避難計画の不備、情報提供の遅れ、それによる被害の著しい増大は、政府、特に経済産業省、文科省による、一般的意見、総括所見の無視の結果である。

保護義務

私人による個人の「居住の権利」の享受に対する妨害から、個人を保護する義務。

大阪府吹田市千里桃山台の団地は容積率に余裕があり、日照通風よく緑豊かな団地であった。それを容積率一杯に建て替えて高層化して戸数を二倍にし儲けたいと建設業者が目をつけた。それまで団地の建て替えは、老朽化と区分所有者五分の四の賛成という二条件がないとできなかったのを、政府が開発業界の要望にそって老朽化という条件をはずし、更に団地一括建て替えを可能にする条文の新設は、前代未聞の法制審議会の審議も経ずに立法された。団地管理組合総会の期日前の議決権行使書を開発業者の顧問弁護士がチェックし、総会前夜に棟別決議のキャスティングボートを握る理事が建て替え反対から賛成に転じ、一票差で団地一括建て替え決議が成立した。

「終の棲家」に住み続けたいと願う高齢、重度の障害、病身の区分所有者を追い出そうと開発業者が訴訟を起こした場合、裁判所に高齢者の「居住の権利」を保護する義務がある。しかし、大阪地裁は、先に述べた最高裁判決の「使い廻し」で、社会権条約一一条は政策の宣言であって権利でないと判断し、大阪高裁も同じ判断をし、最高裁はインサイダー取引で儲けそこなった大株主に関する判例を使って、社会権条約違反に触れることなく棄却した。関心のある方は拙稿「建物区分所有法改正は〝終の棲家〟に何をもたらしたか――千里桃山台団地一括建替え事件・大阪地裁・高裁判決批判」（『法学セミナー』二〇〇八年七月号）、「最高裁判決は〝終の棲家〟に何をもたらすか」（『法学セミナー』二〇〇九年九月号）をご覧いただきたい。

このように、日本の裁判所は、条約は批准によって国内法となり裁判所を法的に拘束するという「法における常識」を拒み続けている。

充足義務
自分の努力で「居住の権利」を享受できない個人の権利の不足を充足する義務。公営住宅を作る、家賃補助するなど予算必要。

しかし、社会権条約委員会は、「一般的意見3」で、「政府の義務には『最小限の核となる義務』があり、これすら、国の裁量で義務でない、個人の方から言えば権利でないと、否定するのであれば、条約を結ぶ意味がない」と述べている。アイベ・リーデル社会権委員会副委員長は、今宮中学事件の控訴審で委員会の見解として、この義務の不履行に対して裁判所は判断権を有すると証言された。関心のある方は拙稿「居住福祉における強制立退きの位置」（早川和男編『ホームレス・強制立退きと居住福祉』信山社、二〇〇七年所収）をご覧いただきたい。

六　政府報告書審査と総括所見

委員会は、**二〇〇一年日本政府報告書審査に際しての総括所見**の一〇項で「委員会は、締約国が、条約の規定の多くが憲法に反映されている事実があるにもかかわらず、国内法において条約の規定に対し、満足のいく方法で効力を与えていないことに懸念を有する。委員会は、立法及び政策形成過程において、条約の規定が十分に考慮されておらず、また、立法上及び行政上の計画、また国会での議論において、条約の規定がほとんど言及されないことについても懸念を有する。委員会は、さらに、**条約の規定に直接的効力を持つものはないとの誤った根拠に基づき、司法の決定が、一般的に条約に言及していない事実があることについて懸念を**

表明する。締約国がこの立場を支持することにより規約上の義務に違反していることは、さらなる懸念事項である」と懸念を表明し、三三項で「委員会は、締約国が条約の下で生じる法的義務に対する立場を見直すこと、そして、**少なくとも中核的義務に関しては**(中略)**条約の規定が実際上、直接適用可能なものとして解釈されることを要求する**」と強く勧告した。

にもかかわらず、**国土交通省社会資本整備審議会**は、二〇〇五年、「新たな住宅政策に対応した制度的枠組みについて」という答申のなかで「居住の権利」を権利として認める国民的コンセンサスがあるとはいえないと言って、住生活基本法案に盛り込まず、国会も法案を成立させ条約遵守義務に違反した。その結果、住生活基本法は今回の震災で住生活の基本が破壊されているのに何の役にも立っていない。

七　寺田寅彦「天災と国防」の教訓

今回の東日本大震災と福島第一原発事故を考える上で、寺田寅彦「天災と国防」は必須の教科書である。報道でも、寅彦の言葉が断片的に引用されるが、是非、全文を読む必要がある。

寺田寅彦は一九三四年一一月『経済往来』誌に「天災と国防」を寄稿した。その時代状況を年表で見ると、一九三一年関東軍が謀略により中国軍を攻撃した「満州事変」、一九三二年海軍将校が犬養首相を殺害した「五・一五事件」、一九三三年特高警察による小林多喜二虐殺、三陸大津波、国際連盟で日本撤退勧告が四二対一で可決され連盟脱退、一九三四年九月室戸台風・関西地方大風水害。こうした国策に多少とも批判的と見られる言動が極めて危険な状況の中で、地球物理学者としての責任感と漱石門下の高弟としての自負から執筆したものだ。敢えて要約すれば以下のとおり。

①日本は気象学的地球物理学的に極めて特殊なため特殊な天変地異に脅かされていることを一日も忘れてはならない。

②文明が進むほど天然の暴威による災害が激烈の度を増す。

③昔の人間は過去の天災の経験を大切にし災害に耐えた場所に集落を作り、災害に耐えた建築等の様式を守った。

④その深い意義が浅薄な「教科書学問」の横行のため蹂躪、忘却され、付け焼刃文明に陶酔し、天然の支配に成功したと思いあがった。

⑤戦争は、避けようと思えば避けられるが天災は避けられない。敵としてこれ程恐ろしい敵はない。仮想敵国からの攻撃と天災が同時に来たらどうするのか。

⑥天災に対する国防策は甚だ心もとない。科学的国防の常備軍をもうけ日常の研究と訓練によって非常時に備えるのが当然。

⑦悪い年廻りはいつか廻ってくるのが自然の鉄則。良い年廻りの時に充分準備しておかねばならない。万人は忘れがちだが国政の枢機に参与する人は忘れてはならない。

随筆風に書かれているが、為政者必読の警世の書である。この書については一九九〇年から九五年阪神大震災を挟んで國弘正雄参議院議員が予算委員会で三回にわたって言及し、防衛予算に対して防災予算があまりに少ないことを警告している（近畿弁護士会連合会『阪神・淡路大震災人権白書』明石書店、一九九六年、三九頁以下に「軍縮問題・資料」から転載）。

今回の被害が大きいのは、震災が「未曾有」であったり「想定外」であったからではない。為政者が①～⑦を忘れていたからである。原発事故の被害は、②、④、⑥を、津波の被害は③、⑥を忘れたからである。政府の対策が遅い、後手後手と批判されるが、⑥、⑦を忘れて短期間で一〇〇〇年に一度の規模の地震に対処できるはずがない。関東大震災復興と比較されるが、放射能による被害は倒壊・焼失の比ではない。当時は「原子力村」ほどの巨大な利権・抵抗勢力はなかったのではないか。寅彦の時代は、「満州生命線」神話を利用した軍需産業の利権と国民の生命に対する権利との対立であり、寅彦は、軍部に抗して「防災も国防であり、外敵への備えより防災が優先すべき」ことを主張した。

今回は「原発生命線」神話を利用した「原子力村」利権と人権の対立の観があるが、原発推進も「原子力平和利用」神話を利用した「核武装衝動」が根底にあり（山本義隆『福島の原発事故をめぐって――いくつか学び考えたこと』みすず書房、二〇一一年）、巨額国債の上に巨額の災害復興・防災予算が必要にもかかわらず、巨額を投じてステルス戦闘機を購入することに異議も出ず防衛予算は聖域扱いである。本質的には軍需利権と人権の対立であることを見失ってはならない。原発サイトの放射能汚染区域で瓦礫処理作業をするのに、東電や消防庁のブルドーザーでなく、自衛隊の戦車しかなかったことが、この国の予算が軍備偏重であることを象徴的に示している。

このような事態を改め、人権が尊重される国を作るにはどうすべきか。それには、憲法が機能する環境を作らねばならない。そのための不断の努力を怠ってはならないが、私たちは寅彦と違って、原発という難物を抱えていると同時に、無謀な戦争の結果として憲法のほかに国際人権条約をもっていることを想起し、その活用を考えなければならない。

八　ふたたび国際人権条約について

これまで国際人権条約のうち主として社会権条約、その一一条の適切な生活水準の権利、その中の「居住の権利」について述べてきた。

しかし、今回の震災、原発事故により人々が侵害を受けた権利は、「居住の権利」だけではない。人が尊厳をもって生きるためには、多くの権利が保障されねばならない。

震災被災者にとって、特に重要と思われる権利を列挙すると以下の通りである。

（一）自由権条約六条　生命に対する権利

この権利は、憲法一三条「生命に対する権利」が「公共の福祉に反しない限り、立法その他の国政の上で、最大の尊重を必要とする」とされるのに対し「国民の生存を脅かす公の緊急事態の場合」（自由権条約四条）にも制限されない権利として保障されている。

（二）社会権条約一二条　到達可能な最高水準の身体及び精神の健康を享受する権利

憲法二五条が「健康で文化的な最低限度の生活を営む権利」を保障している（それさえも最高裁によれば、個人の権利でなく国の責務の宣言にとどまり、厚労大臣の裁量に任されている）が、「最低限度」であるのに対し「到達可能な最高水準」である。また身体のみならず精神の健康を明記している意味は大きい。

生命に対する権利、健康に対する権利を保障するには、それを侵害する事態を未然に防ぐことが基本である。既に述べたように、住居の近くに汚染源である原発を設置しないことである。次善の策として、半径三〇〜四〇kmの範囲の避難計画、迅速な放射能流出方向の情報開示、ヨード剤の備蓄など。大災害時に万全を期すことは困難であるから、救命救急、病院設備が質量共に備えられねばならない。そのために寅彦の教訓は重要である。

生命、健康に関して、いわゆる「許容被曝線量」を誰が決めうるかという問題がある。伊方訴訟では、住民側は、被曝させられる住民が決めることであるが、少なくとも、被曝の危険はそこに住む権利を制限し、或いは、被曝を甘受する義務を負わせるから国会の立法によるべきで、政令、省令、以下の「告示」（国家行政組織法一四条）で決めることは憲法四一条に違反すると主張したが、最高裁は認めなかった（詳細は、拙稿「福島原発事故と伊方原発最高裁判決」、『法学セミナー』二〇一〇年六月号を参照）。

最近になって、シュバイツァー博士が、ＩＣＲＰ（国際放射線防護委員会）が初めて一般人に対する線量限度を勧告したと知ったとき（一九五四年）「**だれが彼らに被曝を許容することを許容したというのか**（Who permitted them to permit?）」と激怒した（市川定夫『新公害原論――遺伝学的視点から』新評論、一九九〇年、二二二頁）ことを知った。

今回の原発事故を予測も防止もできなかった「専門家」が今なお「専門家」と称して線量を、しかも、国会の審議を経ずに決めることは憲法違反である。一体、誰が彼らを「専門家」と呼ぶことを許容したのか。

（三）社会権条約一一条　適切な生活水準の権利

この条文は、「適切な食糧、衣類、居住を内容とする適切な生活水準の権利」である。この中の、居住（housing）に特化したのが「居住の権利」である。食糧に対する権利についても詳細な「一般的意見12」が出ており、水に対する権利についての「同15」にも同様である。日本では、安全な水は当然であったが、原発事故後、安全な水に対する権利が保障されなければならないことが痛切に感じられた。

問題は、これらを包括した「適切な生活水準の権利」とは、どのような内容を含むのか、ということである。単に、居住、食糧、水を足したものではない。「適切な生活水準」は、憲法二五条の「健康で文化的な最低限度の生活」と共通する部分があることは明らかである。しかし、憲法では、最高裁によって権利性が否定され、個人に対する政府の義務も否定されているのに対して、社会権条約では、前述の「居住の権利」と同じく、政府の義務の三つのレベルが認められることは明らかである。

①尊重義務　政府は、個人が自己の努力で適切な生活水準の権利を享受している場合これを侵害してはならない。適切な生活水準は、それを維持する収入を得る手段の尊重になるであろう。大きく、自営業、労働、資産に分類される。労働は、六条「労働に対する権利」で検討されるが、それのみではない。

今回の震災によって、農業、漁業、工業、商店などが打撃を受けた。これらを自然災害から守るのは、第一義的には個人の責任であるが、個人の力を超えたものに対しては政府の義務である。それは、主として、情報の提供義務であろう。

原発事故に対しては、これを防ぐ政府の義務がある。

高額な税金は、生活水準を脅かす。特に、消費税は低所得者を脅かすから、支出を抑え、他の財源を探し尽くさねばならない。九九%対一%という状況は許されない。

また、低金利政策は、年金生活者の資産を目減りさせる。貸付金利が預入金利に対して適切か。遅延損害金が一四・六%など、かつて定期預金金利が七%台だった頃の割合が維持されており、生活水準の権利を脅かしている。

②保護義務　政府には私人である東京電力による放射能災害から個人を保護する義務がある。生活環境の

除染など、汚染源に対してまず原状回復を命ずべきである。二重ローンからの解放も政府の義務である。ローン（分割払）は、貸主も借主も事業所得、給与所得などが継続してあることを前提にしている。病気、事故、失業など通常あり得る災難はともかく「未曾有」の災害の場合までは「想定外」である。従って、政府と裁判所は、そのことを明らかにして、借主の「適切な生活水準」を保護する義務がある。

③充足義務　震災からの再建、復興について個人の努力で如何ともし難い場合、政府が充足すべきである。問題は、これらの原資、さらに今後に予想される災害の場合の原資をどのようにするかである。

国際人権条約上の原則として明らかなことは、個人に権利を保障する政府の義務が「人種、皮膚の色、性、言語、宗教、政治的意見、その他の意見、国民的、社会的出身、財産、出生又は他の地位によるいかなる差別もなしに行われること」（社会権条約二条二項）である。一方で職がなく無収入、或いは、低賃金の人がおり、他方で高額の給与、更には、天下りによって数度の給与、退職金を得る人がいるようなことは改めなければならない。それらを抜きに、消費税の増額は、不平等を著しく助長するもので適切な生活水準の権利の侵害になる。

（四）社会権条約六条　労働の権利

政府は、この権利を保障するため適切な措置をとる義務がある。すべての者が自由に選択しまたは承諾する労働によって生計を立てる機会を得る権利が保障されねばならない。

（五）七条　労働条件についての権利

原発内部の労働をはじめ「公正かつ良好な労働条件」「安全かつ健康的な労働条件」とは言えない労働は、この権利の侵害である。

（六）九条　社会保障についての権利（略）

（七）一三条　教育についての権利（略）

（八）第二回政府報告書に対する総括所見

一九九五年の阪神大震災被災者に対する政府・自治体の支援は様々な問題をはらみ、委員会から懸念表明と勧告が為された。これに対する兵庫県の反論は外務省のホームページに出ている。

27　委員会は、阪神・淡路大震災後に兵庫県により計画し実行された、大規模な再定住計画にもかかわらず、最も震災の影響を被った人々が必ずしも十分に協議を受けず、その結果、多くの独居老人が、個人的注意がほとんどあるいは全く払われることなく、全く慣れない環境に起居していることに懸念を有する。家族を失った人々への精神医学的又は心理学的な治療がほとんどあるいは全くされていないようである。多くの再定住した六〇歳を超える被災者には、地域センターがなく、保健所や外来看護施設へのアクセスを有していない。

28　委員会は、阪神・淡路地域の被災者のうち、貧困層にとっては、自らの住宅再建資金の調達がますます困難になっていることに懸念をもって留意する。これらの者の中には、残余の住宅ローンの支払いのために、住宅を再建し得ないまま財産の売却を余儀なくされた人々もいる。

54　委員会は、締約国が兵庫県に対し、とりわけ高齢者及び障害者への地域サービスの向上及び拡大を勧奨することを勧告する。

55　委員会は、貧しい被災者が、住宅ローンの支払いを続けるために財産を売却せざるを得なくなることを防ぐために、それらの者が破壊された住宅を再建するために公的住宅基金あるいは銀行に対する債務の支払いを支援するため、締約国が規約第一一条の義務に従って、効果的な措置を迅速にとることを勧告する。

九 まとめにかえて——利権と権利の方程式

南相馬市の九三歳の女性は、家族と一緒に居るために住み慣れた家を離れることは耐え難く、自分が住み続けようとすれば、放射能の影響を怖れる子の家族と離ればなれになり、子の家族の足手まといになるというジレンマに陥り、「お墓にひなん」するほかなかった。

一九七九年の批准によって、あるいは遅くとも、一九九一年の「一般的意見4」によって具体的権利として確立していたはずの「居住の権利」が、二〇年後の二〇一一年にも権利として確立していなかったのはなぜか。裁判所が繰り返し判決で「居住の権利」を否定したこと、国土交通省が否定的な態度を取り続けていることははっきりしている。

利権とは「利益を獲得する権利」(『大辞典』平凡社、一九三五年)と定義され、言い得て妙である。同社の大百科事典(一九八五年)には「国家機関または官僚との人的かつ物的な結びつきを通して、形式的には公的手続を経て与えられる権益のこと。具体的には、政府融資の不正操作、国有・公有財産の払い下げ、政府プロジェクトの独占的入札、各種補助金、公共土木事業の誘致、開発行政、税制改革、業界法の制定、電波の割当、各種の許認可業務など。**裁量権をもつ官僚や立法に関与する政治家に金品や地位を提供して、その反対給付として利権を獲得する**ことが常套手段と化す」(御厨貴)とある。

もし、「居住の権利」が確立していて、炉心から半径三〇km以内に住居があってはならないということになると、電力会社は現在の一八〇〇倍の敷地を確保できないと原発を建設できなくなる。四国電力伊方原発一号炉の炉心から敷地境界までの距離は〇・七kmであり、従来はこれだけの距離をとれば、仮に原子炉建屋から放射能が漏れ出しても、敷地境界に居る住民に被害を与えないということになっていた。しかし、福島原発の事故の経過を見ると最低、半径三〇kmは必要となる。円の面積は円周率×半径の二乗であるから、三〇×三〇÷〇・七×〇・七＝一八三六となるからである。半径五〇kmなら五一〇〇倍必要である。

このように「居住の権利」の確立を妨げているものは、〇・七kmでよろしいとする安全審査の裁量、その結果にお墨付きを与える裁判所の判決である。これによって、電力会社は莫大な利益を得てきたし、現に得ている。これは、一見合法的な利益のように見える。

しかし、最高裁が伊方判決で国の原子炉設置許可処分を適法としたのは、「許容被曝線量」を科学技術庁長官告示で年間〇・五レム（＝五ミリシーベルト）は憲法四一条違反でないとし、原発に事故は起こらないとする国側の主張がスリーマイル島原発、チェルノブイリ原発の事故によって完全に否定されたにもかかわらず、原子力委員会、原子炉安全専門審査会は各分野の学術経験者を擁するからその「**専門技術的裁量**」を尊重し、これに基づく国の設置許可処分は、その判断過程によほど不合理なことがない限り尊重するという。最高裁のチェック機能（憲法八一条）を審査対象である行政に丸投げした結果可能になった利益である。

「国政は国民の厳粛な信託である」（憲法前文）。これを、立法、行政、司法という三権分立によって、立法、行政の逸脱を司法がチェックするというシステムになっている。その司法権の大部分を「専門技術的裁量」という名の下に行政に奉還することは許されない。「裁判官は、憲法と法律にのみ拘束され、良心に従い独立して職権を行使しなければならない」（憲法七六条三項）。判決という職権の行使において、一方当事者に「専門技術的裁量」という大きなハンディを与える裁量権はないはずである。四国電力が、原発の運転によって得た利益は、行政庁の裁量、最終的には司法の裁量によって与えられたという意味で利権と呼ぶことができる。しかも、違法な憲法解釈によって可能になった利権である。

伊方原発最高裁判決によって、裁判の対象になっていなかった福島第一原発も運転継続が可能になり、今回の事故に至った。型や立地条件の違いはあっても、すべての原発に共通の問題として、使用済み燃料の処分の問題がある。原子炉等規制法二四条一項四号は設置許可の条件として「原子炉施設の位置、構造、設備が、核燃料物質（**使用済み燃料を含む**）による、災害の防止上支障のないものであること」と定めている。にもかかわらず、最高裁は、審査の対象は原子炉の基本設計であって使用済み燃料の処分方法は**基本設計外**として「施設の位置、構造、設備が、使用済み燃料による災害の防止上支障がないものであるか」の要件を満たしていない国側を勝たせた。

しかし、運転開始から四〇年近く経っても使用済み燃料の処分が決まっていないために、福島原発四号機の使用済み燃料は燃料プールに保管されており、震災で冷却ができなくなり大量の放射性物質を放出し「災害」を起こした。伊方原発最高裁判決が、使用済み燃料の処分を審査の対象から外さなければ、伊方原発は設置許可を取り消されたはずであり、福島第一原発も同様に扱われたはずで、今回の事故はなかった。現実は、事故が起こり周辺住民の「居住の権利」は否定された。

以上から明らかなように、**利権と権利とは両立しない**。電力会社の利権が認められると、周辺住民の「居住の権利」は剥奪されるからである。逆に、「居住の権利」が確立されると、立地可能な敷地が見つからないとか、敷地取得に莫大な費用がかかり、採算が合わなくなり原発は建設できなくなる。電力会社は原発による莫大な利益を失うことになる。

このように、「利権」と「権利」は化学反応における可逆反応に似ている。「利権」を「居住の権利」の確立によって規制すると「居住の権利」が生まれ、「居住の権利」を規制緩和すると「利権」が生まれる。規制「緩和」とは詭弁であって、「規制緩和」は剥奪の別名である。

私たちは、「居住の権利」が確立されないことを嘆くのでなく、「居住の権利」が確立されると、莫大な利権が失われることにその原因があることを見抜き、利権を規制しない限り私たちの「安全かつ平穏に尊厳を持って生きる場所をもつ」ことはできないことを自覚し、利権を規制する、一つの有効な手段として、国際人権条約の活用に本気で取り組むべきである。「お墓にひなんします ごめんなさい」と書き残した女性の思いをひとりひとりが繰り返し思いめぐらさねばならない。

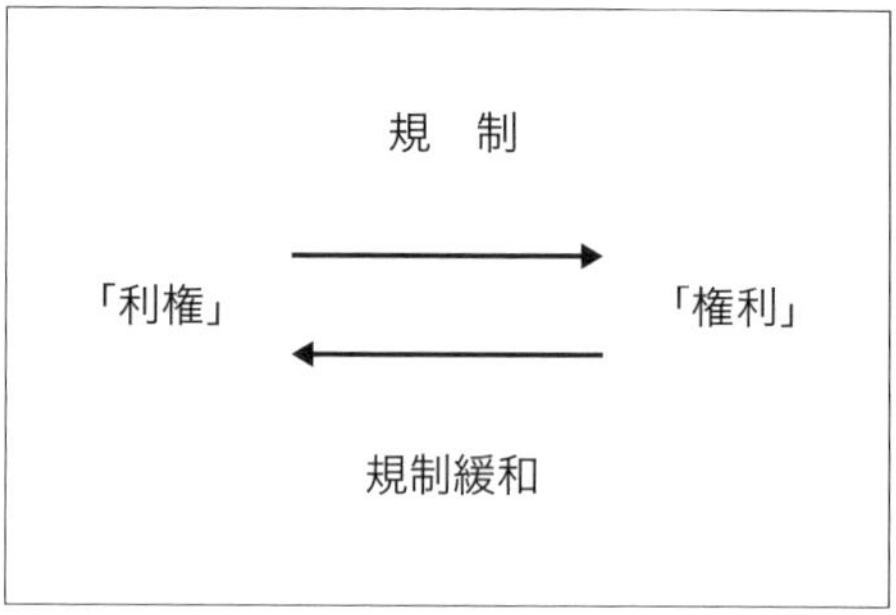

（注）本稿で私が最も述べたかった「住み続ける権利」「元の場所へ戻る権利」が、震災一年目の記事に登場した。「福島第一原発事故でなすすべもなく追いやられた住民が離れた土地からふるさとをしのぶ。『帰りたいと願うことは、乱暴な要求ではなく普通の権利だ』。そのときが来るまで、無言の街のことを語り続けねばならない」（『朝日新聞』二〇一二年三月一一日「東日本大震災1年「無言の街」 木原貴之」）。

（弁護士）

（本稿は二〇一一年五月、居住福祉学会で行なった報告の原稿を早川和男氏のご推挙により、大幅に加筆の上転載したものである。）

国際法と居住権

家 正治

はじめに——現代国際法の特徴

第一次世界大戦または第二次世界大戦までの国際法は伝統的国際法（近代国際法）と呼ばれ、それ以降の国際法は現代国際法と呼ばれている。

現代国際法のもっとも大きな特徴は、国連憲章が武力による威嚇と武力の行使を禁止しているように（第二条四項）、戦争の違法化である。伝統的国際法は国家が戦争に訴えることを禁止していない「力の法」であったが、第一次世界大戦後の国際連盟規約、一九二八年の不戦条約、第二次世界大戦後の国際憲章へと戦争違法化への系譜をたどり、現代国際法は「平和の法」としての特徴を有している。今日では、以上の原則に対して例外として武力行使が認められるのは、国連による集団安全保障の一環としての軍事的措置（第四三条）

と国家による自衛権（第五一条）の場合だけである。

また、現代国際法の大きな特徴として、人民（民族）の自決権が、実定国際法の法的権利として第二次世界大戦後承認されたことである。欧米の列強はかってアフリカその他の地域の植民地獲得を行ったが、伝統的国際法は獲得を合法化するための法理を提供する「植民地主義の法」であった。例えば、「先占の法理」は、人々が居住していても非キリスト教の地域を「無主の土地」として併合することを許した。しかし、第二次世界大戦後の民族解放運動の高揚の中で、それまでにも唱えられていた自決の主張は一九六〇年の国連総会が採択した植民地独立付与宣言にも見られるように、しだいに政治的・道徳的な主張から法的権利へと定着した。このように現代国際法は、「反植民地主義の法」としての特徴を有するのである。

以上のような伝統的国際法から現代国際法への発展とともに、さらに注目すべきは現代国際法に見られる人権の国際的保障の展開である。伝統的国際法では人権一般についての法規は存在していなかったが、現代国際法では国際人権保障が大きな特徴をなしている。

一　人権の国際法的保障とその意義

ところで、人権（human rights）は権利（right）の一種ではあるが、日本国憲法第一一条および第九七条が述べているように、「侵すことのできない永久の権利」であり、人間である以上人間の尊厳を維持するために生来的に保有する権利である。したがって、法令によって改廃できるような権利とは異なるものである。

このような人権は、一七七六年のアメリカ独立宣言や一七八九年のフランス人権宣言（「人および市民に関する権利宣言」）に示されるように、一八世紀後半における欧米の市民革命にその起源を有している。封建制度という身分制度に対する闘いの中から登場した人権は、その後、各国の憲法をはじめとする国内法の中に程度の差こそあれとり入れられた。

しかし、人権の国内的保障だけでは十分ではない。例えば、国際貿易において、特定の国家の労働条件の問題は他国の国際競争力に大きな影響を与えることになり、それを防止するためには国際的な人権保障の制度が必要となる。この人権の国際的保障が一般に問題になるのは、第二次世界大戦を契機としてであった。

一九四一年一月六日の議会への年頭教書において、ルーズヴェルト米大統領は、「四つの自由」（(一) 言論と表現の自由、(二) 信仰の自由、(三) 欠乏からの自由、(四) 恐怖からの自由）を主張し、戦後の世界はこれらを基礎としたものでなければならないとした。また、一九四二年一月一日に署名された連合国宣言は、「敵に対する完全な勝利をうることこそが、生命、自由、独立、宗教的自由を守るために、また、自国および他の国において人権と正義を維持するために必要である」と宣言し、人権の擁護が戦争遂行目的であることを宣言した。このように、第二次世界大戦は、人権を蹂躙した全体主義国家に対する連合国の共同戦線という一面があった。日本がなお戦争を続行していた一九四五年六月、サンフランシスコで開催された連合国全体の国際会議で、国際連合（国連）憲章が署名された。このような経緯の下で作成された国連憲章には、前文や国連の目的を定めた第一条をはじめとして、「人権と基本的自由の尊重」が繰り返し挿入されている。第一次世界大戦後設立された国際連盟の設立文書である国際連盟規約には人権一般についての規定は存在しないのに対して、憲章の一つの大きな特徴をなしている。

一九四八年一二月一〇日、国連総会は世界人権宣言を採択して憲章の人権内容を明らかにするとともに、一九六六年には国際人権規約（社会権規約および自由権規約）を採択し、条約としてそれを定着化させた。また、戦後、人種差別撤廃条約、女子差別撤廃条約、子どもの権利条約、拷問等禁止条約など数多くの個別の人権分野の人権諸条約が採択された。さらに、ヨーロッパ人権条約、米州人権条約、バンジュール憲章などの地域的人権条約も数多く締結されている。また、これらの人権諸条約とともに慣習法規となっている法規範も含めて国際人権保障の位置は国際法体系の中で大きな位置を占めるに至っている。

このように、第二次世界大戦後、大きく問題にされるに至った国際人権保障の意義は、一つは国際（最低）基準（International Minimum Standard）の設定であり、もう一つは国家による国際基準の遵守についての国際監督・監視である。そして、基準設定の時代から遵守の時代に入ったと言われてから久しい年月が経過している。

二　居住権に関する国際法規

国連総会が作成した国際文書の中でもっとも頻繁に引用されていると言われる三つの内の一つが一九四八年の世界人権宣言であり、他は一九六〇年の植民地独立付与宣言と一九七〇年の友好関係宣言である。世界人権宣言の第二五条一項は、「すべての者は、自己及びその家族の健康及び福祉のための相当な生活水準（食糧、衣類、住居（housing）及び医療並びに必要な社会的役務を含む）についての権利、並びに失業、疾病、障害、配偶者の死亡、老齢その他不可抗力による生活不能の場合に保障を受ける権利を有する」（傍点筆者）と宣言している。この世界人権宣言は国連憲章の人権規定の内容を明確にし、すべての人民とすべての国とが達成すべき基準として採択されたものである。もっとも、同宣言は総会決議であり、総会決議それ自体は法的拘束力を有していない。しかし、その後、条約化された人権諸条約の中でも、「五大人権条約」と称される人権諸条約の中に、居住に関する権利が盛り込まれている。

まず、「経済的、社会的及び文化的権利に関する国際規約」（社会権規約）の第一一条一項は、「この規約の締約国は、自己及びその家族のための相当な食糧、衣類及び住居（housing）を内容とする相当な生活水準についての並びに生活条件の不断の改善（the continuous improvement of living conditions）についてのすべての者の権利を認める」（傍点筆者）と規定する。なお、世界人権宣言の訳も同様であるが、社会権規約の adequate standard of living を政府訳（「公定訳」）は「相当な生活水準」と制限的に訳出しているが、用語の通常の意味からすれば adequate の本来的意味である「十分な」と訳すべきであろう。また、「市民的及び政治的権利に関する国際規約」（自由権規約）は、第一二条で居住の自由を、また第一七条で住居への干渉に対する保護を定めている。また、一九六五年の人種差別撤廃条約は、第五条において、権利享有の無差別適用の権利の事例の一つとして、「住居についての権利」（the right to housing）を挙げている。また、一九七九年の女子差別撤廃条約は、第一四条において、適当な生活条件を享受する権利の中の生活条件の一つに住居（housing）に言及している。さらに、一九八九年の子どもの権利条約は、第二七条三項において、「締約国は、国内事情に従い、かつ、その能力の範囲内で……必要な場合には、特に栄養、衣類及び住居（housing）に関して、物的援助及び支援計画を提供する」（傍点筆者）と規定する。

ところで、一九九六年六月、トルコのイスタンブールで第二回国連人間居住会議（ハビタットII）が開催された。そこには、一七一カ国の国家・政府の代表だけでなく、ＮＧＯなどの民間組織も正式代表として参加した。同会議では、「ハビタット・アジェンダ人間居住に関するイスタンブール宣言」（人間居住宣言）について合意され、採択された。同宣言は、その第八条において、「われわれは、国際文書に規定された適切な住居への権利の完全かつ漸進的な実現というわれわれの約束を再確認する。この目的のために、すべての人とその家族のための土地所有権の法的安全、差別からの保護、及び安価で適切な住居への平等のアクセスを確保するように、すべてのレベルの公的、私的及び非政府のパートナーの積極的な参加を追求する」（傍点筆者）と宣明する。ここにおいて注目されることは、社会権規約の第一一条が「相当な生活水準についての権利」について規定し、住居をその権利の一内容であるとしているのに対して、人間居住宣言はさらに押し進めて、「住居への権利」（居住の権利、the right to housing）として明確に独立した実定法上の権利として承認していることである。また、同宣言は、第九項において、住宅市場に参加することができない者を援助することによって、また安価な住宅の供給を援助することによって、安価な住宅の供給を拡大するための努力についての規定も設けている。

さらに、以上のような人権に関する一般条約だけでなく、種々の地域的人種諸条約——ヨーロッパ人権条約第八条一二項、ヨーロッパ人権条約第一議定書第二条一項、改正ヨーロッパ社会憲章（一九六六年）第三一条、第一六条および第一九条四項、ヨーロッパ社会憲章追加議定書第四条、米州機構憲章第三一条（K）、経済的、社会的及び文化的権利の分野における米州人権条約に対する追加議定書第一一条一項など——において居住に関する規定を設けている。このように、居住権は人権として欠くことのできない国際法上の法的権利として確立し承認されているのである。

三　人種差別撤廃条約と積極的措置

前述した人権諸条約の中でとりわけ留意すべきは人種差別撤廃条約である。同条約は、人種差別を定義し、「この条約において、『人種差別』とは、人種、皮膚の色、世系又は民族的若しくは種族的出身に基づくあらゆる区別、排除、制限又は優先であって、政治的、経済的、社会的、文化的その他のあらゆる公的生活の分野における平等の立場での人権及び基本的自由を認識し、享有し又は行使することを妨げ又は害する目的又は効果を有するものをいう」と規定する（第一条一項）。この人種差別の定義には、「世系」（decent）に基づく差別も含まれている。人種差別撤廃委員会が条約の解釈として示した「一般的勧告29」において、同委員会は「『世系』に基づく差別がカースト及びそれに類似する地位の世襲制度（system of inherited status）等の、集団の構成員に対する、人権の平等な享有を妨げ又は害する社会階層化の形態に基づく差別を含む」としている。部落差別は、カースト差別と同様に出生という個人の努力によって克服しえない事情に基づく差別であり、この種の差別の撤廃も条約の基本的理念と一致するものである（村上正直『入門・人種差別撤廃条約』解放出版社、二〇〇九年）。

同条約は、既に述べたように第五条で、権利享有の無差別適用の権利の事例の一つとして、「住居についての権利」を掲げている。そして、同条約は、「人権及び基本的自由の平等な享有又は行使を確保するため、保護を必要としている特定の人種若しくは種族の集団又は個人の適切な進歩を確保することのみを目的として、必要に応じてとられる特別措置は、人種差別とみなさない」（第一条四項）とし、「締約国は、状況により正当とされる場合には、特定の人種の集団又はこれに属する個人に対し人権及び基本的自由の十分かつ平等な享有を保障するため、社会的、経済的、文化的その他の分野において、当該人種の集団又は個人の適切な発展及び保護を確保するための特別かつ具体的な措置をとる」（第二条二項）と差別撤廃のための積極的措置について規定している。

部落差別の撤廃の一環として建設された住宅である改良住宅（同和住宅）の問題については、とりわけこの点が強く念頭に置かれなければならないであろう。

四　社会権規約の権利の実現

ところで、国際人権規約は社会権規約と自由権規約からなり、日本国はその双方を批准している。居住権は社会権の一つとして、とりわけ社会権規約が問題となる。すでに述べたように、社会権規約は、第一一条一項において、住居を含めた相当な生活水準についての権利について定めている。

自由権規約は、第二条一項が「この規定の各締約国は、……この規約において認められる権利を尊重し及び確保することを約束する」と規定するように、締約国に即時の履行を義務づけている。他方、社会権規約は、第二条一項が「この規約の各締約国は、立法措置その他のすべての適当な方法によりこの規約において認められる権利の完全な実現を漸進的に達成するため、……行動をとることを約束する」（傍点筆者）と規定するように漸進的な履行を建前とするような規定が置かれている。この「漸進的に」（progressively）実現するとの用語が締約国の義務履行からの「免除条項」（escape clause）としてしばしば諸国によって利用されていた。

義務から逃れる口実とならないように、社会権規約委員会は、一九九〇年に、第二条一項に関する締約国の義務の性格についての「一般的意見3」(一九九〇)をとりまとめた。同意見は、社会権規約の中にも即時の適用が可能と考えられる規定(第三条、第七条(a)(i)、第八条、第一〇条三項、第一三条二項(a)、三項および四項ならびに第一五条三項)を列挙した。しかし、住居を含めた相当な生活水準についての権利を定めた第一一条一項は含まれていない。しかし、同意見は、漸進的達成が予定されている権利であっても、「時間をかけた、換言すれば漸進的な実現が規約で予期されているという事実は、この義務から意味する内容をすべて奪うものと誤解されるべきではない。それは、一方で、経済的、社会的及び文化的権利の完全な実現を確保する際の世界の現実及びすべての国が有する困難を反映した、必要な弾力性の仕組みである。他方で、この文言は全体的な目標、すなわち、当該諸権利の完全な実現に関して締約国に明確な義務を設定するという、規約の存在理由に照らして読まれなければならない。それは、その目標に向けて、可能な限り迅速にかつ効果的に移行する義務を課しているのである」(第九項)と断じている。さらに、同意見は、「委員会は、各権利の最低限の不可欠なレベルの充足を確保することは各締約国に課された最低限の中核的義務(a minimum core obligation)であるという見解である。従って例えば、相当数の個人が不可欠な食糧、不可欠な基本的健康保護、基本的な住居(basic shelter and housing)又は最も基本的な形態の教育を剥奪されている締約国は、規約上の義務の履行を怠っているという推定を受ける」(第一〇項)とも論じている。

社会権規約委員会の一般的意見は、国際条約のような法的拘束力を有する文書ではないが、社会権規約の規定を解釈する際の最も権威を有する法解釈の一つであると今日広く考えられているものである。

五　国際人権規約と自動執行性

国際人権規約の内、即時実施を義務づけている自由権規約で一つの問題になるのが、国内的に実施するに際して法律の制定を必要とするか否かの問題である。もっとも上述の一般的意見のように、社会権規約も即時的性格を有する部分については同様な問題が発生する。法律の制定を必要とする非自動執行的（non-self-executing）であるか、または法律の制定を必要としない自動執行的（self-executing）であるかは、国の法体制によって異なっている。すなわち、スカンジナビア諸国のように法律の制定を必要とする「変型」（transformation）の国と米国やドイツのように法律の制定を必要としない「受容」（reception）の国とがある。日本は日本国憲法の解釈および慣行から、条約の公布によって国内的に効力を有するとする後者の立場に立っている。この問題は、法律上の整備ができていないことを理由に実施を怠けることを防止するためにも把握しておく必要があろう。

もっとも、自由権規約第二〇条が戦争宣伝や差別の唱道の禁止を法律で禁止することを求めているように、規約自体が法律の制定を求める場合は別である。また、「法律なければ犯罪なし、法律なければ刑罰なし」という罪刑法定主義のような憲法上の要請がある場合は法律の制定を必要とする。また、規約の規定が一般的で抽象的であり、国家に裁量の余地を残すような場合も法律の制定を必要とする。権利は一般に具体的でなければならないからである。居住に関する規約の規定について、法律の制定を必要とするかどうかについては、個別的に判断しなければならないが、自由権規約第一二条の居住の自由をはじめとする居住の自由権的性質については少なくとも自動執行的といえるであろう。

六　国際人権規約と無差別主義

社会権規約第二条二項は、「この規約の締約国は、この規約に規定する権利が人種、皮膚の色、性、言語、宗教、政治的意見その他の意見、国民的若しくは社会的出身、財産、出生又は他の地位によるいかなる差別もなしに行使されることを保障することを約束する」と無差別主義について規定している。自由権規約も、その第二条一項において、「この規約の各締約国は、その領域内にあり、かつ、その管轄の下にあるすべての個人に対し、人種、皮膚の色、性、言語、宗教、政治的意見その他の意見、国民的若しくは社会的出身、財産、出生又は他の地位等によるいかなる差別もなしにこの規約において認められる権利を尊重し及び確保することを約束する」（傍点筆者）と社会権と同様に無差別原則について規定している。

以上の二つの規定の日本訳は政府訳に基づいたものである。両規定とも人種をはじめとする差別禁止の対象項目を列挙しているが、政府訳の自由権規約では「等」が付されているが、社会権規約では付されてはいない。規約の正文の一つである英語によれば、自由権規約では"such as"となっているが、社会権規約では"as to"となっている。これをもって、自由権規約ではその対象項目は例示であるが、社会権規約の方は網羅であるとの学者の見解もある。この見解に立てば、例えば差別禁止の対象項目には含まれていない国籍（nationality）について社会権規約では無差別原則から排除されることとなる。

しかし、社会権規約の第二条三項には、開発途上国は経済的権利をどの程度まで外国人に保障することができるとする規定が設けられている。社会権規約の第二条二項が網羅主義に立脚するものであるとするならば、わざわざ同条三項を挿入する必要はない。自由権規約と同様に例示主義に立つものといえるであろう。また、差別禁止事由の一つとして掲げられている国民的出身（national origin）は本来の国民的出身による差別だけでなく国籍による差別も含まれるとする見解も出されている。

これらのことから、社会権規約も国籍によって差別をしてはならないとする内外国人平等原則に立脚しているといえるであろう。したがって、規約自体が外国人に対する区別を許容している場合、たとえば開発途上国における外国人に対する経済的権利の保障（社会権規約第二条三項）や「市民」に対してのみ留保している政治に参与する権利（自由権規約第二五条）のような場合は、例外となる（もっとも、政策として認めることは可能である）。また、客観的で合理的な基準による「合理的差別（区別）」は上記の例外とともに許される。しかし、日本国は開発途上国ではなく、居住に係わる権利問題について内外国人平等原則が貫かれなければならない。

七　居住の権利の諸側面

社会権規約委員会は、一九九一年に社会権規約第一一条一項の「十分な（adequate）住居に対する権利」についての「一般的意見4」（一九九一）を表明した。同意見は、住居に対する権利の側面として、（a）保有の法的安全、（b）サービス、物資及びインフラストラクチャの利用可能性、（c）資金的な居住可能性（家計適合性）（affordability）、（d）居住可能性（habitability）、（e）アクセス可能性（accessibility）、（f）場所（location）および（g）文化相当性、を挙げている。

新公営住宅法が導入した「応能応益家賃制度」との関係で、とくに注目されなければならない点は（e）アクセス可能性（accessibility）の側面である。この点について同意見は、「十分な住居は、それに対する権利を有する者にとってアクセス可能でなければならない。不利な状況にあるグループは、十分な住居資源に対する十分かつ継続的なアクセスを与えられなければならない。従って、老人、子ども、身体障害者、不治の病人、ＨＩＶ陽性の人、慢性の医療問題を有する人、精神障害者、自然災害の被害者、災害を受けやすい地域に住む人々及びその他のグループは、住居の領域である程度の優先的配慮を確保されるべきである。住居法及び政策はともに、これらのグループの特別の住居のニーズを十分に考慮に入れるべきである」（傍点筆者）と表明している。

同和住宅（改良住宅）は生活環境を改善することによって、部落差別の解消に向かう努力の一環として位置づけられるものである。住居は人間の尊厳の確保にとって最も基本的なものの一つであり、新公営住宅法による応能応益家賃制度の導入は、「不利な状況にあるグループ」に対する優先的配慮を無視した制度と言わざるをえない。

ところで、一九九三年六月、世界人権宣言採択四五周年を記念してウィーンで開催された世界人権会議は、ウィーン宣言を採択した。同宣言の第二四項は、「移住労働者を含む弱者の立場におかれた集団に属する者の人権の助長及び保護、役労に対するあらゆる形態の差別の除去、並びに現行の人権文書の強化及びより効果的な実施を、特別に重視する必要がある。国は、住民のうちの弱者に属する者の権利の助長及び保護のために、とくに教育、保健及び社会的扶助の分野において、国家レベルの適切な措置を創出し維持する義務、及び弱者に属する者で自らの問題に解決を見出すことに関心を有する者の参加を確保する義務を有する」と

「弱者の権利」について宣明している。さらに、本稿の三で述べたように、部落問題は人種差別撤廃条約第一条における人種差別の定義中の「世系（門地）」（descent）に基づく差別の問題である。したがって、同条第二条二項が「締約国は、……当該人種の集団又は個人の適切な発展及び保護を確保するための特別かつ具体的な措置をとる」と規定していることに留意されなければならない。したがって、応能応益家賃制度の導入は以上の国際文書の内容に反するものである。

また、公営住宅法の改正によって、同和住宅の家賃は二倍から六〇倍（最高では一二万円）という驚くべき値上げがなされるという数値が示されている（部落解放同盟全国連合会中央本部編『解放講座』（学習文庫5）、一九九七年）。社会権規約委員会の「十分な住居に対する権利」に関する「一般的意見4」（一九九一）は、（c）資金的な居住可能性（家計適合性）（affordability）の側面の中で、「住居にかかわる個人の又は家計の財政的費用は、その他の基本的ニーズの達成及び充足が脅かされ又は譲歩することのないようなレベルであるべきである」とし、また「経済的な入手可能性の原則に従って、賃貸人は適当な方法により、不合理な賃貸レベル又は賃貸金の増加から保護されるべきである」と述べている。目をみはる異常なまでの家賃の値上げは、以上の居住可能性の問題とともに同和地域の生活環境の改善という基本的なニーズの達成・充足という目的と真っ正面から抵触するものである。

八　住宅からの追い出しと国際法規

公営住宅法の改定による驚くべき家賃の高騰とそれに伴っての家賃収納率の低下とあいまって、自治体行政による強制的な取り立てや明け渡し訴訟が激発している。家賃滞納に伴う強制退去の問題について、国際法規の現状はどのようであろうか。

　社会権規約の「一般的意見4」（一九九一）は、（a）保有の法的安全の側面において以下のように述べている。「保有（tenure）は、（公的及び私的）賃貸住宅、共同住宅、借家、保有者占有、緊急住宅及び、土地又は財産の占有を含む非公式の定住を含めたさまざまな形態をとる。保有の種類にかかわらず、すべての人は、強制退去、嫌がらせ及び他の恐れに対する法的保護を保障する程度の保有の安全を有するべきである。締約国は従って、影響を受ける人及びグループとの真の協議によって、現在そのような保護を欠いている人及び家庭に対し保有の法的安全を与えるための即時の措置を取るべきである」と述べ、保有の法的な保護の保障について宣明している。

　また、同意見は、強制立ち退きの禁止や差別禁止に関して国内的な法的救済手段を義務づけ、とりわけ（a）強制立ち退きの差し止め、（b）違法な強制退去に対する賠償、（c）（公的私的にかかわらず）賃貸人の違法行為に対する救済、（d）住居に対するアクセスについての救済、（e）賃貸人に対する不健康・不適当な居住条件からの救済、を列挙している（第一七項）。

　そして、「この点で委員会は、強制立ち退きは規約の要求に合致しないと推定され、最も例外的な状況においてかつ関連する国際法の原則に従ってのみ正当化されると考える」（第一八項、傍点筆者）とし、強制立ち退きは社会権規約違反と推定されると結論づけている。また、一九九六年の第二回国連人間居住会議（ハビタットII）も居住権の法的保護の内容の一つとして強制立ち退きからの保護を国家に義務づけている（The Habitat Agenda, part, 61)。

さらに、一九九七年に社会権規約委員会は、「十分な住居に対する権利：強制立ち退き」に関する「一般的意見7」（一九九七）をとりまとめた。同意見は、「一般的意見4」（一九九一）が一見して強制退去は社会権規約の要件と両立しないと結論づけているが、さらにそれを明確にする必要があるとして表明されたものであるとしている（第一項）。同意見では「強制追い立て」（forced evictions）について定義を行い、「この一般的意見において用いられている『強制追い立て』の用語は、適当な法的もしくは他の保護の準備およびアクセスなしに、個人、家族および／または共同体の占有する住居および／または土地から彼らの意思に反して永久的もしくは一時的な除去として定義される」（第三項）としている。そして、同意見は、強制追い立ては社会権だけでなく市民的・政治的権利をも侵害するとして、生命に対する権利、人身の安全の権利、平和的な財産保有の権利、への侵害を挙げている（第四項）。さらに、同意見は、基本的に強制立ち退きに関する当事国の義務は社会権規約第一一条一項に基づくが、この立場は自由権規約第一七条一項（「何人も、その私生活、家族、住居若しくは通信に対して恣意的に若しくは不法に干渉され又は名誉及び信用を不法に攻撃されない。」）によって強化される（第八項）としている。このように、居住権が国際法上承認されていることの当然の論理的帰結として、強制立ち退きは関係する国際法規と同立しないことが確認されるのである。

九　グルートブーム（Grootboom）事件

以上で強制立ち退きに関する国際法規の発展と位置について考察したが、実際に生起した住宅追い出しに係わる裁判所の判例について触れておこう。

しばしば引用される事件は、トルコによるギリシャ系キプロス人の強制立ち退きの事件である。一九七六年、ヨーロッパ人権委員会が、ヨーロッパ人権条約第八条一項（「すべての者は、その私的及び家族生活、住居及び通信の尊重を受ける権利を有する。」）の住居尊重権に基づいてその強制立ち退きを違反と認定した事例である（例えば、宮崎繁樹編著『解説　国際人権規約』日本評論社、一九九六年）。

ここでは、社会権規約委員会による「一般的意見3」（一九九〇）の第一〇項で言及されている「最低限の中核的義務」の概念と第九項で言及されている「権利の漸進的な実現」に関するその解釈を採用し、国家は居住権の保障のために合理的な立法その他の措置を執る義務を負うとした南アフリカの憲法裁判所のGrootboom事件（正式な事件名は、「南アフリカ共和国政府・外対Grootboom・外」である）判決をとり上げよう。

同事件の概要は以下のとおりである。同事件の被告は、正式に低家賃家屋のために当てられていた私有地にある非正式な（informal）家屋から立ち退かされていた。被告は、常設に宿泊便宜を得るまで十分な基本的な住居を提供するよう政府に要求する命令を求めて高等裁判所に提訴した。なお、被告の主張は以下の二つの憲法上の規定に基づいていた。一つは第二六条で、「(一)何人も十分な住居にアクセスする権利を有する。(二)国家はこの権利の漸進的実現に達するため、得られる資源の枠内で、合理的な立法および他の措置をとらなければならない。(三)何人も、あらゆる関連状況を考慮した後に行われる裁判所の命令なしに、自己の住居から立ち退かされないしまた自己の住居を破壊されない」と規定する。二つ目は、第二八条（一）(C)で、「(一)すべての子どもは……(C)基本的な食糧、住居、基本的な保健介護および社会役務に対する権利を有する」と規定する。

高等裁判所は、一九九六年南アフリカ憲法第二八条（一）(C)は親が子に住居を与えられないならば子と親に基本的な住居を提供するよう国家に義務づけており、この義務は憲法第二六条に基づいて合理的な立法および他の措置を取る義務とは別にまた加えて存在し、ならびに国家は資源の利用（availability）にかかわりなくこの基本的な住居を提供するよう義務づけられている、と判断した。

高等裁判所により住居の提供を命じられた上訴人は、この決定に対して上訴したものである。

憲法裁判所は、社会権規約委員会の「最低限の中核的義務」に関する見解を確認し、同義務は「該当の権利の保護に権利を有するもっとも傷つきやすい（vulnerable）集団の必要を考慮することによって一般に決定される」とし、この文脈で同義務についての概念が国際法上理解されなければならないとしている。また、憲法裁判所は、社会権規約委員会の分析は社会権規約の締約国の義務の範囲を説明しようとしたものであるが、南アフリカ憲法の「漸進的な実現」の意味を解釈する上で役立つものであるとして、同委員会の「一般的意見3」（一九九〇）の第九項を引用している（*South African Law Reports*（2001（1）SA46））。

以上のように、国内裁判所が社会権規約委員会の意見・見解を踏まえて判断を下した意義は強調してもしすぎることはないと考える。

おわりに——人権と「不断の努力」

条約の国際的効力について条約法条約第二六条は、「効力を有するすべての条約は、当事国を拘束し、当事国は、これらの条約を誠実に履行しなければならない」と規定している。他方、条約と国内法との国内的効力については、各国の国内法、多くは憲法の定めるところに委ねられている。日本国憲法は、「日本国が締結した条約および確立された国際法規は、これを誠実に遵守することを必要とする」（第九八条二項）と規定している。憲法と条約との優劣関係については、学説上は多数説の憲法優位説に対して条約優位説も唱えられているが、条約と法律との関係については、学説も政府の正式見解も条約が優位することを認めている。この点は居住権を規定する国際法規と応能応益家賃制度を採用した日本国の新公営住宅法との関係で当然問題にされなければならないのであろう。

ところで、イェーリングは、『権利のための闘争』の題辞で「闘争において汝の権利＝法を見出せ」と記すとともに、本文で「闘争を伴わない平和、労働を伴わない享受は、ただ人間が楽園を追放される前にのみ可能であった。その後の歴史においては、平和と享受は絶えざる刻苦の結果としてのみ可能なのである」と述べている。そして、権利のための闘争は自分自身に対する義務であると同時に国家共同体に対する義務であると強調している。この思考は、日本国憲法第一二条の「この憲法が国民に保障する自由及び権利は、国民の不断の努力によって、これを保障しなければならない」とする規定と通底する思考である。居住権は国際法上の法的権利として国際法規にとり入れられた。この権利を具体的に生かすためには「人間の尊厳」を求める人々の不断の努力を欠くことができないであろう。

（神戸市外国語大学名誉教授、姫路獨協大学名誉教授）

居住福祉から見た災害復興

早川和男

東日本大震災を前にして、被災者への心の痛み、悼みとともに復興の道筋が胸を駆けめぐる。そして戦後、国民の多くが瓦礫に立って軍国日本から民主国家への転換を誓ったように、新しい日本のあり方を追求せねば、と思う。

神戸在住の私は阪神・淡路大震災後、鳥取西部、新潟・中越、能登、奥尻、宮城岩手、玄界島各大地震、有珠山、三宅島噴火等の被災地を何度も訪れた。災害と復興の過程から見えてきたことを記したい。

一　地震・原発の警告無視と政治・行政・学者の責任

無視された地震の警告

日本の地震予知はかなり進んでいるのではないか、と私は思う。一九七四年六月、神戸市委託の大阪市立大学理学部と京都大学防災研究所による報告書には、神戸での地震の可能性についてこう書かれていた。「神戸周辺では都市直下型の地震発生の可能性があり、その時には断層付近で亀裂、変位がおこり壊滅的な被害を受けることは間違いない」。『神戸新聞』が一面全頁を使って報道したにもかかわらず（七四年六月二六日）、神戸市は大学教授に「一〇〇万年単位の警告」という談話を発表させた。七四年七月、市幹部会議で当時の宮崎神戸市長は「ああいう報告はなかったことにしよう」とこれを無視。約一〇年後、神戸市防災会議に設けられた地震対策部会幹事会では、神戸海洋気象台・稲葉昴課長が想定震度6に基づく対策を主張したのに対し、市側は「それでは金がかかりすぎ、開発も空港もできなくなる」と反論、結局5強に決定、耐震対策は見送られた。

もし地震の近いことが市民に告げられていたら、公共施設や経済力のある民間企業、住宅所有者は自力で、力のない者は公的補助を求めて補強したであろう。戻らぬいのち、家族と職場の崩壊、失業、故郷を離れた多数の被災者、十数兆円という被害額や五万戸近い仮設住宅、死者への弔慰金等々を含めると、その人的・精神的・物的犠牲と費用は莫大である。「株式会社」の異名をとり長年完全オール与党体制の神戸市政は、市民の安全は眼中になく、多くの学者もこれに追従したのである。

地震学者たちは警告し続けた。一九七九年、三東哲夫・神戸大学教授は兵庫県への報告書に「六甲山系西南西〜東北東方面に並走している多くの活断層の再活動はそう遠くなく、規模も大きいことが予想される。特に神戸市は震度5でも大きな被害をうけることは必然で、これ以上地震に対して脆弱な都市をつくることは許されない」と書いた。

八五年一二月地震予知研究会で佃為成氏（京大防災研究所、後に東大地震研究所）は「兵庫県下など近畿地方にはＭ７クラスを超える大地震が発生してもおかしくない条件がそろっている」と警告した（市民がつくる神戸市政白書委員会編『神戸黒書』労働旬報社、一九九六年参照）。

全国各地で過去の「地震歴」が次々に報道されているが、これも貴重な「歴史からの警告」と受け止めるべきであろう。

市場原理住宅政策の結末

「阪神」での地震による直接の犠牲者五五〇二人の八八％は家屋の倒壊による圧死・窒息死、一〇％は零細密集住宅地での焼死、二％の大部分は落下物によるものであった。阪神大震災は明らかに「住宅災害」で、市場原理・自助努力による住宅政策の結末である。

犠牲者は、高齢者、障害者、低所得者、在日外国人、被差別部落住人など、家賃の安い古い家屋に住まざるを得ない人々、日常から居住差別を受けている人達に多かった。例えば神戸市の生保世帯一万四九五一のうち全壊三六一九世帯（一一・四％）、半壊二六五二世帯（一七・七％）で、全半壊合わせると四二％に達する。死者二七八人（生保世帯の一・二四％）は、神戸市民一般の死亡率（〇・二六％）の五倍弱である。

被差別部落住民の被害も大きかった。神戸市の同和対策事業での住宅地区改良事業や小規模改良事業の指定範囲は小さく、指定地区以外の木造・老朽家屋はほぼ全滅し、地域は壊滅状態に追い込まれた。指定区域内でも残されていた老朽住宅、抜本的な補強・建て替えの必要があったにもかかわらず放置されていた既設の改良住宅が大きな被害を受けた。灘区のある地区では、地区全体の九〇％にあたる五一〇戸が全半壊、死者二〇人、五二〇世帯、一二四〇人が避難した（神戸市調査）。

身体・視覚障害者は倒れた家から動けない。聴覚障害者は外から声をかけても聞こえない。これらの人たちは日常の居住差別による低水準居住を強いられ、「人間らしく生きる居住の権利」を奪われていた。「震災被害」はその延長線上にあった。多くの犠牲者・被災者をつくりだした背景は、日本の住宅の脆弱性と貧困にあった。仮に地震予知がより発達して学校その他の避難所に逃げ込んで命が助かったとしても、家が倒れたり燃えてしまえば暮らせない。それは「阪神」「東日本」等の被災者を見れば明白である。地震予知、活断層等での居住の禁止、災害に安全な家屋の建築、居住地の形成等が不可欠である。それは住宅を市場原理にまかせていたのでは、困難であり、社会保障政策の一環として取り組む必要がある。

震災の年の一九九五年八月に開かれた住宅宅地審議会は「住宅政策の一層の市場原理化」を答申した。審議会委員には大学教授や被災地の貝原兵庫県知事、笹山神戸市長が入っていた。住宅の公的保障を主張すべき立場にある被災自治体の長として、失格・無責任であった（早川『災害と居住福祉』三五館、二〇〇一年、『権力に迎合する学者たち』三五館、二〇〇七年）。

戦犯としての原発推進協力者

より厳しく問われねばならないのは、原発を推進してきた人々である。「東日本」の原発被災に関連して早くからその危険を警告してきた京大等の研究者の疎外・迫害、推進に加担した東大教授集団・原子力村の実態が明らかになりつつある。国民の安全を守る立場に立たず権力に従属し金に囲われた学者・専門家の責任は重い。何のために学問の自由が保障されているのか。

「（二〇一一年）三月三十一日、田中俊一前原子力委員会委員、松浦祥次郎元原子力安全委員長、石野栞東大

名誉教授の三氏が一六名の研究者・技術者を代表して記者会見し、『福島原発事故についての緊急建言』を発表した。『建言』の冒頭には『原子力の平和利用を先頭だって進めて来た者として、今回の事故を極めて遺憾に思うと同時に国民に深く陳謝いたします。』と述べられている。（中略）だが、残念ながら今回の事故をもたらした原子力推進体制についての根本的な問題の指摘はない。あまりに遅すぎた反省である」（井野博満編『福島原発事故はなぜ起きたか』藤原書店、二〇一一年）。同感である。

しかし、阪神大震災については地震の警告を覆い隠し対策を怠った政治家、行政官、大学教授等々の陳謝・反省は全く無く、震災後もその姿勢を変えていない。

日本の戦後民主主義挫折の最大原因は戦争責任を曖昧にしたことにあり、戦犯を追い続けた旧西独の反省との違いがこの災禍の遠因である、と私は考えている。「過去に目を閉ざすものは現在にも盲目になる」（ヴァイツゼッカー旧西独大統領）。二〇〇九年四月に三〇九人の犠牲者を出したイタリア中部のラクイラ地震では「地震学者が直前に安全宣言を出したために被害が広がった」として学者七人が過失致死罪で起訴された、という（『朝日新聞』二〇一一年五月二六日）。

二　住居と国土の社会資産的性格への転換

見なし仮設住宅の意味

「阪神」では、仮設住宅の多くは六甲山中や人工島につくられ、高齢者から順番に抽選で入居させられた。見慣れた風景、親しい隣人、商店、医者等々からはなれ、コミュニティを分断された入居者の孤独死・自殺は二年間で二五三人。震災の年の九月、被災地を訪れた国連NGOハビタット連合調査団HIK（代表エンリケ・オルティス・フロレス、本部メキシコ）は、仮設の住人に「軍隊に追われて来たのか」と質問、自ら来たという返答に驚愕した。住宅復興は被災地で行うのが原則という（同調査団の報告書は、阿部浩己監訳『救済はいつの日か――豊かな国の居住権侵害』近畿弁護士会連合会編・発行、一九九六年、熊野勝之『奪われた「居住の権利」――阪神大震災と国際人権規約』ＫＫエピック、一九九七年）。遠い仮設住宅に入ることを拒み、地代は要らないから仮設住宅を自分の私有地に建て、自分と他の人たちと一緒に住みたい、という申し出を行政は拒否した。私有地に建てると後で権利関係が錯綜するというのが主な理由であった。

個人資産である土地と住宅に税金は使えない、公的利用も困難というのであれば、社会資産として位置づけることで、土地の公共的利用、修理や再建の公的補助、災害時の避難所利用、半壊の個人宅の修理を補助したり、仮設に入らず友人の家に身を寄せたり個人宅で共同生活を続ける被災者を援助できる。仮設住宅も必要だが、建設と撤去に五〇〇万円前後を要し原則二年しか利用できないとされる仮設住宅よりも、民家の利用は被災者の暮らしを守り資金の使い方も有効である。

「東日本」では、民間賃貸住宅を仮設住宅とする「見なし仮設」の制度ができた。自分で見つけてきた民賃を市役所に申請すれば仮設と見なされ、五万二〇〇〇円（単身）から八万九〇〇〇円（四人以上）の間で二年間家賃が補助される。新聞は「〝見なし仮設〟に希望殺到、プレハブ仮設辞退相次ぐ」などと報じた。例えば二〇一一年末現在、仙台市の行政によるプレハブ仮設住宅建設戸数は一五〇〇戸、民間賃貸住宅入居者は八五五七世帯である。後者は職場への通勤に便利なこと、また前者の二〇〜四〇㎡に対し、大きな住宅が家族構成に応じて全額公費負担で借りられる。問題は民賃には車椅子対応、ファミリー向けの住宅が少ないこと、という。

二〇〇八年現在、わが国の総世帯数は約四九〇〇万、それに対し住宅は五七八五万戸ある。八〇〇万戸近くが空き家である（総務庁『住宅統計調査』）。中には老朽化家屋などもあるが、今回の「見なし仮設」のように家賃補助、住宅の耐震化、障害者対応その他によって社会的活用が本格的に図られるべきであろう。震災対応の中で被災者が求めていることを洞察すれば、「住宅の社会化」である。不動産業、住宅産業等の社会貢献、「居住福祉産業」への転換につながる（早川『災害に負けない「居住福祉」』藤原書店、二〇一一年一〇月）。

住居避難の諸課題

中越地震で全村避難を余儀なくされた新潟県旧山古志村は「阪神」を反面教師として一四の集落毎に仮設に入り、コミュニティを維持し一人の犠牲者も出さなかった。だが、当初は住民個々人がどこに避難しているのか分からない。それでバラバラに避難していた住民をバスを出して入れ替えし、集落単位にまとめることで、避難所には元各集落の住民が戻ってきた。それ以後、避難所の運営はスムーズにいくようになった（旧山古志村職員・星野光夫氏の話、『住宅新報』二〇一一年五月三一日）。私が訪問したとき、仮設団地の診療所医師・看護師、交番の巡査、巡回食品販売車、床屋も山古志村当時の人であると知って驚いた。

「阪神」では、その後の復興公営住宅五万戸近くも殆どは仮設同様の僻地で、二〇〇〇年以降一二年一月までの間に七一七人が独居死し、それは今なお続いている。

住み続けてきた土地に住み続けたい、避難する場合も親しい人たちと一緒に住みたい、というのは居住の基本的欲求で、最大限に実現すべき課題である。だが、その過程では様々の問題が発生する。

第一は、初期居住の重要性である。二〇〇〇年六月の三宅島噴火災害に際して、全島民一九三八世帯、三九七二人は全員都営住宅の空き家等に分散入居した。二〇〇一年二月一七日、日本居住福祉学会は東京新宿の常園寺で三宅島避難者と懇談会を持った。一〇人近く参加された島民の最大の訴えは、都内一二〇数カ所にばらばらに住まわされ、島での隣人がいなくなり、仕事も無く、都営住宅にいつまでおれるかその保障もなく、島に帰れても住宅再建の公的援助のない現状で、日々苦しい生活を強いられている、というものであった。

私は、住宅都市整備公団（当時）等が、例えば多摩ニュータウンの空いた敷地に避難者向け住宅を早急に建て、元の集落の人たちが一緒に住めるようにしたらどうか、それこそが公的機関の社会的役割ではないかと提案し、会合に集まった人たちの共感を得た。参加していた朝日新聞論説委員は数日後の社説でこの案を提唱した。

罹災被災者の支援組織は、手分けしてこの提案を各避難者に打診した。ところが、一部とは言え、避難者の反応は意外なものであった。「私たちはバラバラに住まわされて寂しい思いをしてます。だけど、同じ都営の人たちは親切にしてくれるし、近くの商店とも顔馴染みになりました。いまさら移る気はありません。むろん島には帰りたいです」と。

「住めば都」というが、一旦住むとそこが安住の地となる場合が少なくないのである。

前述の全村避難した山古志村住民の地震直後のアンケートでも、九割以上が「山古志に戻りたい」と答えていた。だが、仮設住宅の期限が過ぎた時点で村に戻った住民は約七割で、二〇一一年現在山古志に残る住民は震災前の半分に減っている（前掲、星野氏）。

最初にどこへ避難するかが大切なのである。「東日本」でも、留意すべき課題である。被災の多様な形態、被災住民と地域の性格等を考えると、急ぐこととは言え、対応には熟慮が必要である。

集団移住の必要性と可能性

第二は、集団移住の可能性と方策である。今回の「東日本」では、地盤沈下、満潮時の浸水、津波被害再来予測、そして放射能汚染地域等々では、少なくとも当面再居住困難であろう。コミュニティを維持しながら移住する方策を模索せねばなるまい。

岩手県西和賀郡（旧）沢内村は冬季四メートルの豪雪、貧困、多病多死の村であったが、老人医療費の無料化と村有林を活用した全家屋の建て替えで、高齢者の健康維持、乳児死亡率をゼロにし、「いのちを守った村」として有名になった。その中で、山間部の豪雪・過疎の長瀬野集落は日常生活の維持困難から、村ごと下山し、村有地に「新長瀬野集落」を形成した。初め三三戸だった集落は二〇一一年現在では五五戸に増えた。その意欲に満ちた村人の姿や集落経営は度々映画にもなった。二〇一一年一二月、移住四〇周年を迎えた。

だが、例えば二〇〇〇年三月に起きた有珠山噴火の場合、再噴火の可能性を専門家が警告し、自治体は住民への告知や住居移転の啓発活動に取り組んでいる（私はその集会に招かれた）。それに対し、再噴火被災予測地域の住民は土地所有権の放棄や住宅ローン負債のままでは移れないという。当然であろう。

原因の根源は、土地と家屋の私的所有にある。自治体や国が私有財産を補償するのでなければ移住は困難であろう。「東日本」での被災住民も同じである。土地や住宅ローンに縛られず、集落ごとにあるいは個人での移住を可能にするには、既存の負債に縛られず、安全で新たな居住を保障する制度が不可欠である。それらは究極的には、土地の公有化、土地利用や住宅の社会化を不可避とする。これは、今回の大災害を契機に日本が目指すべき中心課題の一つである。

公共財としての住宅と土地

「阪神」の被災地を訪れた村山富市首相は、住宅再建の援助をもとめる被災者に対し、「私有財産である住宅の個人補償はできない」と拒否した。メディアはそれを垂れ流し、その是非を一切論じなかった。「防災学者」も〝災害復興は自助・共助・公助が原則〟とマスメディアで発言し続けた。肉親や仕事を失った人たちがどうして自力再建できるのか。地元テレビで初めてお会いした小田実さんからその夜電話があり、住宅再建の公的援助を求める「市民＝議員立法」（後の「被災者生活再建支援法」）運動の協力を求められ、一緒にとりくんだ。

鳥取西部地震に際して当時の片山善博知事は被災地を訪れこう述べている。「復旧のキーワードは『住宅』と感じました。道路とか河川、橋が公共財として税金をつぎ込まれているが、住宅無しに地域は成立しない。住宅は基本的な公共財です。住宅を復興、復旧することこそが人間が生き、生活する上でいちばん基本で最大の仕事なのだと、直感しました」。そして、全壊三〇〇万円、半壊一五〇万円の公的補助をわが国で初めて実現させた。「住宅再建支援の発表を受けて、被災地にすごく元気が出てきました。それまで、これからどうなるのかと不安にかられていた被災者たちに、『行政がそこまでやってくれるんなら、自分たちもさあこれから頑張ろうじゃないか』という勇気が沸いてきたのです。現地でメンタルケアをしていた精神科医からは『住宅再建支援のメッセージを発したことが最大のメンタルケアでした』と言われた」（片山善博『住むことは生きること——鳥取県西部地震と住宅再建支援』日本居住福祉学会編・居住福祉ブックレットNo. 11、東信堂、二〇〇六年）。司馬遼太郎さんは乱開発を許し地価を暴騰させ、日本の国を壊していく根源に土地問題があるとし、土地の公有化を主張しておられた。

生存の根源である居住問題の解決には、土地公有化と住宅の社会的性格の付与しかない、と私は思う。多くの西欧諸国が早くから土地公有化政策を進め人々の居住保障にとりくんできたことに倣い、土地所有制度の改革にとりくむべきであろう。

憲法が掲げる生存保障の根幹は住居である。東日本大震災は、住居がいかに生存、暮らしの基盤として大切なものであるかを、改めて全面的・本質的に明らかにした。地震で家を失い津波で家を流された人たちにとって、住居と生活環境が確保できないと生きることはできず、社会保障や福祉サービスも機能しない。子どもの教育も困難である。近年の「貧困」「格差」の論議はもっぱらフロー（金銭、雇用等）の側面からで、ストック（住居やコミュニティ）は無視されている。この地球上に生を受け、安心して生きていくには、住居の社会的保障が不可欠である。住むことに不安のない社会をつくらねばならない。

復興対策の遅れが指摘されている政府の対応だが、前述の借り上げ仮設住宅制度、民間賃貸住宅や公営住宅の家賃負担、仮設住宅の民有地建設と利用期限の延長、他県の仮設に住む人たちの地元仮設への移住・再入居、ホテル・旅館等の積極利用、二重ローンの政府支援、集団移住の諸援助制度等々「阪神」と比べて進んでいる面もある。しかし、生産労働の場（漁業・漁場等）と居住の同時復興、放射能対策及びそれからの避難居住者復帰の展望その他かってない新たな課題が山積している。「防災対策」の転換が必要になっている。

三　居住民主主義が復興の鍵

一九九六年六月、私も参加したイスタンブールでの第二回国連人間居住会議（ハビタットⅡ）は世界八〇余カ国の領袖の参加のもとに〝居住は基本的人権、その実現は政府の義務〟という宣言を採択した。その中に「住む主体である住人が居住政策策定に参画することで〝住む能力が発展し〟、それによってはじめて住みやすい住居ができる。これも居住の権利である」と書いた。

「阪神」で被災者の孤独死が続く背景には、国、兵庫県、神戸市など全てのレベルの復興委員会に被災者代表またはその代弁者が一人も入らず政治家、財界人、御用学者、元役人等であったことである（若干の例外がある）、と私は考えている。彼らは「住む」とはどういうことかを全く理解せず、被災者の思いを知ろうとせず、数字合わせや制度の機械的適用に終始した。

住民主体の玄界島復興計画

二〇〇五年三月、M７の福岡市・玄界島地震による災害復興に際して、六月、漁業協同組合は「阪神」の震源地に近い淡路島の漁業集落を視察した。「震災後一〇年以上経過しても土地区画整理事業が完成せず、家屋が除却されたままになっている」状態を目にし、担当課長から「行政主導による計画は失敗だった」と聞かされた（区画整理は一五年後の二〇一〇年に完成）。自治会長からは「地域住民が一つになることが非常に重要であること」を学んだ。

玄界島は「阪神」を反面教師にし、外部の人間は入れず、島民が復興計画の主体となった。当初の事業計画案を小規模住宅地区改良事業に変更し、島の将来や生活に対する不安をできる限り軽減するように、島民の意向調査やワークショップ、座談会等をつうじて様々な意見を島づくり案に反映しながら進めた。

玄海島復興対策検討委員会委員は、島民が自主的に選挙で選んだ。復興委員二六名の内一三名は島民総会で、一三名は女性部、青年団、青壮年部、町内会、漁協、玄界消防隊、婦人防火クラブ、ＰＴＡ、学校育成会、サラーマンから選んだ。これらの組織の活動は日頃から地元に根付いていた。島づくり推進協議会会長は漁協長であり、団結力が強かった。「福岡市は地元の主体性、地元案を尊重し、島民の要望をよく聞き入れ柔軟に動いてくれた」と島民は感謝している（福岡市『玄海島震災復興記録誌』二〇〇八年三月）。

私は玄界島漁協長で島づくり推進協議会会長の松田武治さんに、もし福岡市が島民の要求を聞き入れなかったときはどうされましたか、と尋ねた。「ストライキをしていたでしょう」と答えられた。この場合ストライキが何を意味するのか聞き漏らしたが、住民の信念と団結力に感嘆した。

「東日本」の真の復興は、被災住民が主体にならなければ実現できない、と思う。

四　原発の廃止と生活様式のパラダイム転換

東日本大震災では地震・津波と並んで原発破損による放射能汚染被害が深刻である。東電やその取り巻き、経済界は「原発は経済活動や生活水準維持に必要」と言うが、原発は一旦事故が起これば広範囲の国土を居住不能にする。放射能廃棄物が長期間、子孫につけを回す。そして地球を脅かし、人類の生存を危うくする。

原子力発電はコストが安いというが、厳しい安全対策や今回のような事故に対する莫大な補償金を考慮すると、コストは膨大である。「安価な電力」は見かけ上に過ぎない。京都大学原子炉実験所、小出裕章助教はそのことを克明に分析している（『原発のウソ』扶桑社、二〇一一年）。原発は全廃すべきである。

すでに既存の火力・水力・風力・太陽光・地熱・波力・バイオマス発電等々の自然再生エネルギーの活用、節電、サマータイム等々による節電が提起されているが、生産・生活様式の根本的転換が必要である。それらは国土利用、都市計画、身近な町づくりに関わってくる。

夏の猛暑はエアコンでなく、都市林、街路樹、その他の緑地を飛躍的に増やし大気の浄化、湿潤化を図る、ビルを緑で覆う、河川、湖沼、水路等々の水面で涼風を起こし気温を下げる、経済成長時代にふたをして道路に変えた河川は元にもどす、といった自然回復の方法で対応する。韓国では都心を流れる清渓川に蓋をしてつくった幅一六メートル、長さ五・八キロメートルの高速道路を壊して、ふたたび清流にもどし、市民の生活環境空間としての役割をとり戻した（二〇〇五年一〇月）。

都市近郊農地を保全・再生して貯水機能、環境形成、オープンスペースの役割をとり戻し、地産地消をすすめ、遠距離食糧輸送を減らす。生産緑地は児童の教育空間としても有効である。

中山間地を振興し、国内林業を再生して、木材供給、地下水の涵養、国土保全・防災機能、大気の浄化と湿潤化、酸素の供給、レクリエーション空間、その他の森林や都市近郊の里山が有する多様な機能を回復する。シックハウス病の最大原因である外材の新建材利用を国内産木材に変える。地域経済の発展、地場産業の振興にも寄与する。

国内材を軽視した南方・北方材の大規模伐採は、現地の荒廃、森林に依存して暮らす住民の生活破壊、地球環境問題を深刻にしている。一九九三年一一月一四日、私は熱帯林行動ネットワーク（ＪＡＴＡ）主催のシンポジウムでインドネシア南方材伐採地域の村長及びカナダの原生林保護団体の人たちと討論した。カナダ原生林のすさまじい荒廃のスライドは今も記憶に残る。インドネシアの村長は、森に依存して暮らしてきた村民の生活がこわされていることを、切々と訴えられた。夜一緒に食事をすると、住民が大学教授と一緒に食事をすることなど現地では考えられない、と言われた（熱帯林行動ネットワーク編『カナダ・北のブラジル？』『インドネシアの森から』一九九四年参照）。

密集市街地・過密住宅地を改造し通風を良くする。ちびっこ広場、ミニ公園を充実する。都市の再生は高層マンションなど土地の高度利用でなく、暮らしの安定と次節に述べる多様な福祉機能を有する居住福祉空間に変えていく。エレベーターが不可欠の高層マンションの建設は中止する。大地震時、仮に高層住宅は倒れなくてもエレベーター、水道、電力の停止、食糧確保・昇降の困難、居住者のパニック現象は今後深刻な居住問題になろう。集合住宅は三階建以下にする。低層高密度のタウンハウス形式はコミュニティを維持しやすく、高齢者に住みやすく、子供の環境としても好ましい。西欧諸国は以前から一部例外を除いて高層住宅建設を中止し、既存住宅は爆破して中低層に変えている。私はそれをロンドン、パリその他で目にした（早川『人は住むためにいかに闘って来たか』東信堂、二〇〇五年）。

大気を汚し気温を上げるマイカーに代わり省エネルギーの新型公共路面電車を導入する。個人的生活手段による生活様式を、あらゆる局面で社会的消費手段による生活様式に転換する。飲料水の自動販売機は撤去する。以上はすべて、電力の節約と地球温暖化の防止につながる。

だが、基本的には国家権力と資本の癒着に起因する大都市への産業経済機能・人口の集中と巨大都市化が必然化する都心の高度利用、人工空間化を抑制することが不可欠であろう。巨大都市化は居住圏域を拡大し、遠距離・長時間通勤は心身の疲労をもたらすが、災害時の帰宅困難も遠距離通勤の延長線上にあると考えるべきである。

地域主権の生産・消費の発展は地域経済に寄与し、産業・人口の大都市集中に歯止めをかける。地方分権、自治、住民参加のまちづくり、都市と地域の再生、地場産業の発展などと言っても、地域社会がすべての面で主体性をもつのでなければ困難である。

生産・生活・消費様式、都市と農村の関係、経済のパラダイムを転換すれば、原発など必要でなくなる。

五　日本列島居住福祉改造計画

「大災害」の根源を遡ると、資本と国家権力による国土の収奪的利用につきあたる。戦後の日本は、まちや村をもっぱら経済活動の側面から利用してきた。一九七二年、田中角栄氏が発表した「日本列島改造計画」はその代表であった。巨大災害はその陰で負のエネルギーを蓄えていた。今後はそれに代わり、生命の安全、人間の尊厳、自然の保護、農林漁業等一次産業の振興による食料の自給と安全や国土の保全、生活の安定、健康、福祉、等々の、いわば日本国憲法が掲げる生存権の保障、幸福追求の権利などの基本的人権と地球環境維持の価値観に立った国土づくりが求められる。それは、私たちが身を寄せるこの日本の国土のどこに住んでも、安全で安心して幸せに暮らせる「日本列島居住福祉改造計画」である。「居住の権利」とは、生存権の基礎としてだけでなく、地球と人類の存続可能性の一環として展望すべきである。

街の居住福祉改造

例えば、「阪神」では避難所で大勢亡くなったが、老人ホームなどに収容された高齢者はいのちが守られた。避難所では喉を通らなかった固い塩だらけのお握りは、お粥にし塩分を抜いて食べさせて貰えた。さほど広くないホームの部屋は住人の心身に苦痛をあたえず、適当な暖房もあり、安心できる居住空間であった。避難者のケアが終われば、大抵のホームに併設しているデイサービスに通う高齢者に同様のサービスを始めた。老人ホームはあたかも防災施設のような役割をはたすことになった。考えてみれば、老人ホームは心身の衰えた高齢者を支える施設である。生命を守ることはその延長線上にあった。街の中の保健・福祉施設は災害時に防災機能を発揮した。既存家屋を小規模多機能福祉施設（グループホーム、デイサービス、託老所等）に変えてお年寄りが馴染みやすく通いやすいものをつくる。公園は日常は緑陰、通風、こどもの遊び場、お年寄りが憩う緑陰空間などとしての役割を果たすが、災害時は延焼防止空間になる。

能登地震の被災地、石川県旧門前町ではいったん体育館などに避難した被災者を順次、小規模の施設——公民館、幼稚園、老人施設、ホテル、国民宿舎等々に移し、生命が守られた。これらは公共的性格のものが多く、被災者救済活動に融通がきいた。町に八つある公民館では一般に管理人が常駐し、日常的に高齢者の食事会や健康診断が行われ、住民にとってなじみがあり、地震時につれだって避難した。大きな厨房と食料の備蓄と和室と寝具がいくつもあり、全員の健康と生命が守れた。

洋式トイレの整備された施設や小中学校は、児童がケガをしたとき、学校参観にくる高齢の老父母、障害をもつ父兄、妊娠した先生にとって便利である。それが避難所になったとき、被災者の健康を守る役割を果たした。街の公共トイレは、高齢・障がい者の外出を促す。それらが、災害時、避難時に役立つ。人口五万人（旧市域）の鳥取県倉吉市には二五の公共トイレがある。全国の被災地を訪問して気づいたことは、洋式トイレのある避難所では健康を害する人がどこでも少ないことであった。鳥取県は、西部地震の二年前にすべての公共施設のトイレを洋式にするよう通達をだし、その整備が進行中であった。偶然とはいえ、そのことが災害時に役だった。

政府は自治体による「福祉避難所」指定制度を設けたが、私は日常の生活を守る行政すべてが福祉避難所となり、防災対策につながるという事例を多々紹介した（『居住福祉』岩波新書、一九九七年、『居住福祉資源発見の旅Ⅱ』東信堂、二〇〇八年）。

また「東日本」で保健師の活躍が報じられた。保健師は家庭を訪問して新生児から高齢者までの保健・福祉に携わる公務員である。その充実と居住環境改善に関与する役割が求められる。西欧諸国では保健師の任務に住居の改善が入っており、住宅水準の改善向上に寄与している（早川他編『ケースブック 日本の居住貧困――子育て／高齢障がい者／難病患者』藤原書店、二〇一一年）。要は施設やサービス面からの生活環境、保健、福祉の充実が、日常は市民の安全や健康を守り、災害時には防災と被災者救済の役割を果たし得る、ということである。仏教ではこれを「平常心是道」（禅の言葉）という。

国土をいたわる

「東日本」で直接人命を奪ったのは大津波であったが、深刻なのは原発破損による放射能汚染である。これに対し東電や政府や学者専門家は「想定外」という言葉を頻発した。だが、振りかえってみると、戦後の高度成長時代、日本の自然海岸は埋め立てられコンビナート基地に変わった。原発立地はその延長線上にあった、と考えるべきであろう。ながい時間経過のもとで考えれば、たとえが適切かどうか分からないが、人体に悪い食べ物を食べ続け、ある日突然深刻な病いを発病させたような類いである。国土を労らず、痛め付け食い荒らしてきた末の発病のように思う。このような病は、当事者も予期せぬ「想定外」のことと受け止められる。自然や一次産業や居住福祉政策に依拠した国土利用、いわば病を回復する国土利用の論理が求められている。私はそれを「これからの土地利用計画」として展開した（西山夘三、山崎不二夫、山本荘毅編『国土と人権――国土問題の総合的分析』時事通信社、一九七四年所収）。

人体に循環器系、末梢神経系、呼吸器系、消化器系等々の系があるように、国土にも人体と同じような論理が支配しているのではないか。日本社会は長きにわたってそれを痛めつけ、不養生を続けてきた。深刻な国土破壊は「不養生の結末」とでもいうべきであろう。

事態の収拾は今後に待たねばならないが、これ以上国土に傷病をもたらす要素は事前にとり除くべきである。そして、いわば東洋医学的に回復させねばならない。

東アジア居住福祉宣言

日本居住福祉学会、中国不動産学会、韓国住居環境学会の三学会は、二〇〇〇年以来、毎年持ち回りで、居住問題を主題とした国際会議を続けてきた。この間、二〇〇五年の奈良大会では「東アジア居住福祉宣言」を採択した（一一月三日）。その一部を紹介する。

「人はすべてこの地球上に住んで生きている。安全に安心できる居住は人間生存の基盤であり、基本的人権である。二〇世紀は、戦争と破壊、植民地支配、災害、貧困、失業などによって多くの人々を難民、ホームレス、劣悪居住、居住不安等々に追い込み、人間としての尊厳を損なった。

これに対し、国連憲章、世界人権宣言、国際人権規約、ハビタット・イスタンブール宣言等は『適切な居住の権利』『持続可能な地球環境の維持』などを掲げ、各国政府はその実現を約束した。

私たちはこれらの基本的な居住の権利、人々が適切な住居に住み、人間の尊厳をもって、安全に安心して暮らす状態を『居住福祉』と呼ぶ。『居住福祉』は、人間の生存と幸福の基礎条件であり、人としての基本的権利であり、人類社会が実現しなければならない目標である。すべての人々は居住福祉の必要性を真摯に受け止めなければならない。各国政府は、人々が適切な居住の権利が確立されるよう、国際条約、国際会議における取り決めを誠実に実行しなければならない。

それと同時に、アジアでは、西洋近代化への過度の傾斜によって、東洋固有の居住の知恵が閑却されている。自然の摂理と地域を尊重する伝統文化が省みられず、地域共同体の解体、資源、エネルギーの浪費、生態系の破壊など、居住福祉環境の悪化を招いている。

本会議は、西洋近代主義をその価値観とともに見直し、東洋の長い歴史と思想と文化に立脚し、人類のよりよい生存と幸福に貢献するために、以下を宣言する。

Ⅰ　居住福祉の理念の樹立

すべての人は適切な居住の権利を有する。各国政府はその実現の責任と義務を負う。人権としての居住福祉の理念を樹立し、適切な社会保障と市場を組み合わせ、特に中低所得層への適切な住宅供給を十分に行い、無収入を含め、異なる収入や異なる条件の住民すべてに適切な住宅を保障しなければならない。

Ⅱ　社会的排除と居住に関わる差別の禁止

人種・国籍・社会的出身の異なる人々や社会的に不利な条件の人々、とりわけ高齢者、こども、障害者、母子家庭、傷病者、低所得者、被災者等に必要な住宅保障がなされず、社会的に排除され、不適切な居住が強いられている。こうした居住差別は禁止、解消されなければならない（以下略）。

Ⅲ　人と自然の調和と共存

居住環境の形成は、人と自然の調和と共存を図らなければならない。生態系を尊重する東アジアの自然観に立脚し、良好な居住福祉の次世代への継承をはからなければならない。国土の開発と利用に際しては、農地、森林、湖沼、海浜その他の生態系環境の保全が必要である。居住地計画においては、日照、風道（かぜみち）、水道（みずみち）、緑陰、水辺空間等の自然条件等をよく考慮しなければならない。

Ⅳ　地域固有の文化の尊重

Ⅴ　居住福祉資源の評価と有効利用

Ⅵ　居住福祉の予防原理

Ⅶ　居住福祉実現の主体

Ⅷ　国際連携・共働の強化

これらは、日本列島居住福祉改造計画の骨子となるものである。」

本稿に関してなお詳しくは、右の「東アジア居住福祉宣言」を含め、早川『災害に負けない「居住福祉」』（藤原書店、二〇一一年一〇月）を参照して頂けると幸いです。

（神戸大学名誉教授）

世界の居住運動と大震災からの復興

岡本祥浩

はじめに

巨大災害の時代の始まりであった阪神・淡路大震災では、とにかく避難所を、仮設住宅を、復興をということで、「人にふさわしい居住の場」という考え方が二の次にされてきた。定められたルールを機械的に当てはめ復旧・復興に向かった。人の絆もつながりも、その後の生活も二の次で、弱者から順番に、避難所、仮設住宅、復興住宅へと送り込んだ。その結果、個人の生活が成り立たず、孤独死などの震災関連死が今もなお続き、真の復興が実現していない。それ以降、地域コミュニティや人と人との絆が重視されるようになった。今回の東日本大震災に当たり、まず地域のコミュニティの維持が叫ばれたのもそのためであった。本章では、この大震災からの復興の糸口を、適切な居住を実現するために世界で展開されている居住運動に見出したい。議論を先取りすれば、居住者を主体に据えた居住環境づくりと、それを支える様々な工夫がその焦点となる。

I　居住運動の潮流

日本で「世界の居住運動」を扱った書籍は多くない。これまで出版された『講座現代居住　世界の居住運動』（編集代表：早川和男、内田勝一・平山洋介編、東京大学出版会、一九九六年）、『人は住むためにいかに闘ってきたか』（早川和男、東信堂、二〇〇五年）、『まちづくりとコミュニティワーク』（内田雄造編著、解放出版社、二〇〇六年）、『世界の借家人運動』（高島一夫、東信堂、二〇〇七年）、『世界の貧困運動と居住運動』（ホルヘ・アンソレーナ、明石書店、二〇〇七年）、『ジェイコブズ対モーゼス――ニューヨーク都市計画をめぐる闘い』（アンソニー・フリント、渡邉泰彦訳、鹿島出版会、二〇一一年）などの書籍を参考に考察する。

一　地域の発展段階と居住運動

居住運動は、その国や地域が先進工業国か、発展途上国かという経済発展の段階によって捉えられ方が異なる。先進工業国では、全体としての居住水準は、既に人にふさわしい水準を超えているが、『社会的弱者』と言われている少数者がその水準に達していない。貧困地域や貧困者の居住水準の高め方と維持が課題となるが、その実施には社会的資源を『社会的弱者』と言われる人びとや貧困地域に投入する社会的合意が必要となる。同時に支援を受ける当事者の社会的排除状態や支援を受けることに屈辱感を感じることのないよう権利意識を培っていかなければならない。

発展途上国では、全体として居住水準が低く、多くの貧困地域、多数の貧困者を適切な居住水準に引き上げることが、主たる課題となる。貧困者が大多数であるため貧困者の支援や貧困者が支援を受けることは合意されている。課題は先進工業国との間に技術や材料に違いがあるため、それらに十分に配慮し、当事者が自ら改善できるような技術や材料を利用しなければならないという点だ。

東日本大震災を考えると、津波で全てを失った被災地の中心では発展途上国型の状態、被災地外は先進工業国の状態なので被災地域の支援の方法や避難者の受け入れに配慮が必要である。そしてその中間の地域は置かれた立場によって必要とされる活動が複雑な性格を持つと考えられる。それぞれの地域属性に合わせた復興活動・居住運動を進める必要がある。

二　居住運動の発展過程と主体

居住貧困の発見

地域によって居住運動の意味は違ってくるが、居住改善運動は先進工業国も発展途上国も「居住貧困の発見」から始まり「公による住宅供給」「住宅市場の活用」「居住者主体」に落ち着く大きな流れがある。言い換えれば、居住改善運動の歴史は、その主体を模索する歴史であったと言える。居住改善運動は、住宅問題の告発から始まる。産業革命で工場都市が出現し、農村から大量に労働者が流入するが、適切な住居を提供する仕組みがないため、住居は狭小過密、不衛生で、とても人が暮らせるような場所にはならなかった。その様子をフリードリッヒ・エンゲルスが『イギリス労働者階級の状態』(大月書店、一九七一年など)に著している。

当時、「適切な居住の権利は基本的人権である」という認識はなく、まず、それを社会的常識とする必要があった。人がこの世に生を受けた、その瞬間から生存のための空間が必要である。人は他の生物と比べて環境適応能力に優れているとは思われない。そのか弱い身体を守るために適切な住居が必要である。住居を持てない野宿者や狭小過密、不衛生な住居での生活は寿命を縮める。適切に働く体力も養われない。居住者が属する社会が実現している平均寿命を明らかにまっとうできないことは、基本的な人権が保障されていない証左であると考えられるが、自己責任の結果だと考える人々も少なくない。消耗した労働力は、他から補給すればよい、という資本家の考え方から当時は労働者の居住環境は改善されなかった。

労働者階級の悲惨な居住状態の告発は、篤志家を動かした。サン＝シモン(一七六〇―一八二五)、ロバート・オーエン(一七七一―一八五八)、シャルル・フーリエ(一七七二―一八三七)など、いわゆる空想的社会主義者が、理想的な居住環境を提案した。グラスゴー(スコットランド)郊外のロバート・オーエンによる「理想郷」ニューラナークは、現在でも当時の様子を学ぶ場として整備され、保全されている。シャルル・フーリエの夢を実現したゴダンのファランステール(ギーズ、フランス)も残っている(早川、二〇〇五年)。

公による住宅供給

市場に住宅供給を任せていると低所得者や弱者には適切な住居が提供されない。居住者の支払い能力に合わせて低価格の住宅が供給されるために、不便な立地、不十分な構造・設備・住環境の住居が建設され易くなる。既述したように資本家（雇用主）は、コスト増を嫌って適切な住居の供給に協力しない傾向にあるため、労働者の住居は劣悪な状態になる。適切な居住環境の実現には、住宅市場を管理する制度や都市計画、公衆衛生と連携する住居供給制度の確立が必要であった。資本家と政府のせめぎあいは続き、制度確立には長い時間が必要であった。

「適切な住居」の必要性が認識されても、「適切な住居」を必要とする人々に提供・保障する法律や制度などがなければ篤志家の活動にすがるしかないが、それでは運の良い一部の労働者しか助けることができない。居住改善運動は、個人から社会的な活動に展開される必要があり、それには法制度が必要である。法制度を構築するには、制定に関わる人々がその必要性を納得しなければならない。エドウィン・チャドウィック（一八〇〇—九〇）は、一八四二年に「チャドウィック・レポート」と言われる『イギリス労働人口の衛生状態に関する報告書』を発表した。チャドウィックは、不衛生な状態が病気の原因であり、病気で働けないことが貧困を生み、社会保障費を増大させている。そのために貧困を減らし、社会保障費を減らすためには、衛生的な環境が必要であると考え、それを示したのだ。政策に関わる人々がそれに納得し、一八四八年に「公衆衛生法」が制定され、衛生的な都市環境構築に向かい始めた（早川・岡本、一三頁）。

イギリスでは一八九〇年に最初の総合的な住居法である「労働階級住居法」が制定された。さらに一九〇九年に「住居都市計画法」が制定され、一九一九年のアディソン法によって政府・自治体による居住改善である住宅建設が始められた（金沢他、一九七一）。

人にふさわしい居住環境を提供するために不適切な環境であるスラムを取り壊し、基準に合った公的な住宅を居住者に提供する様子を記録したドキュメンタリーがある。後述の『キャシー・カム・ホーム』のDVD（BBC、二〇〇三）に一九三五年の『住宅問題』が収められている。そこには不衛生で過密居住のスラムの様子と、スラム・クリアランス後の公営住宅による快適な居住が対比されている。広くて適切な住居と居住設備が手に入り、健康が促進され、生活習慣も改善される様子が示されている。現在でもイギリスの公的住宅は低所得者に広く、質の高い居住空間を提供していることで評価されている。

しかしながら公的住宅の建設が貧困者の居住環境の適切な改善に必ずしも成功したわけではなかった。先進工業国でも発展途上国でも問題が発生した。イギリスでは対象となる居住者が新しい住居を他人に貸してしまったり、発展途上国では新しく建設された公営住宅には路上での商売や仕事をしていた空間が用意されず、多くの人々の生活が成り立たなくなったりした。

また、オクタヴィア・ヒル（一八三八―一九一二）は、その後のイギリスの住宅政策に大きな影響を与えたことで注目されるが、既存住宅で借家人の自発的な改善努力に依拠する「住宅管理」（中島、二〇〇八）を通してスラムを改善しようとした。必ずしも、公による住宅の直接供給だけが良いとみなされていたわけでもなかった。居住者の生活を考慮せずに公的住宅をあてがって、居住水準を上げようとすることには無理があったのである。

市場を通じた居住改善と居住者主体

一九六〇年代には、税を通して中央政府に富を集め、貧困者に社会保障給付金として配分し、生活水準の向上を意図する福祉国家建設が盛んであった。その一環としてイギリスでは次々と公的住宅が建設された。しかしながらオイルショックの影響で財政状況が悪化すると、政府・自治体は住居を直接提供する立場から市場その他の環境を整え、住宅供給を促す役割に立場を変えた。貧困な居住者に公的な住宅が押し付けられることがなくなったのは良いが、民活路線と地域での自律的な居住活動を目指す立場とが、無媒介に混在（穂坂、一五一頁）する状態となった。バンコクでは民間住宅市場が市民の一五％（一九八〇年）から八五％（一九九三年）まで、その対象領域を拡大したことで、世界銀行などから市場の有用性が評価された。しかしながらその結果、都市再開発に伴うスラムの追い立てと居住者のいない郊外の低価格民間住宅建設が増加した。居住者の需要と住宅市場の供給が合わず、都心の再開発で郊外に移住させられた低所得者は交通機関などの移動手段がなく、買い物や仕事ができず、再び都心のどこかにスクウォッターとして不法占拠するか、スラムを形成することになった。そこで新たに居住者を中心とする居住地改善運動が「居住権」を核に、国際的な連帯を広げながら展開（穂坂、一五二頁）されるようになった。

居住者を中心とする居住改善策とは、例えば発展途上国ではこれまで基本的な人権も尊重されていなかった女性の置かれている立場、ニーズに着目し、居住環境の改善に当たり、女性の更衣の場を確保すること（穂坂、一五八頁）など、これまで顧みられなかった人々を居住計画の意思決定の中心に据えることがその一つの例である。低所得者などに公的住宅を提供してきたイギリスでも、居住者に選択の機会を与える居住者中心のモデル（デルフト・モデル）が議論された（DETR、DSS、二〇〇〇）。

貧困な居住は直接的には収入が少ないという経済的問題であるが、そのことによって独立した人格としてみなされないことも大きな問題である。貧困者は市場の金融機関に信用されず、融資を受けることができない。女性は雇用の他にもさまざまな権利が制限されたり、教育を受ける機会を失わされていたことで男性以上に困難である。発展途上国では社会保障制度が整備されておらず、貧困者への給付も満足に無い。二〇〇六年にノーベル平和賞を受賞したムハマド・ヤヌスは、これまで銀行に相手にされなかった貧困者を一～二週間の訓練や研修を通じて、グループでグラミン銀行の仲間として受け入れ、小口融資の資格を与えた。彼らは、これまで手元に資金が無いために借金して原材料を仕入れざるを得ず、法外な利子で収奪され、貧困から抜け出せなかった。それがグラミン銀行に自分自身の存在が認められ、信用を得られたといううれしさ、グループ構成員の協力、融資のおかげで収奪されることがなくなった。そのことによって収入が増えるという良い循環が生まれ、貸し倒れもほとんどない。

居住貧困の発見から始まった居住改善運動は、居住者を主体にすることで、新たな展望が見えてきた。

三　居住運動の展開と新たな課題

居住者主体の居住運動をさらに発展・展開させるには、以下のような課題や方法がある。

居住力の育成

居住者主体の居住改善運動を進めるには「居住者及び社会の居住力」を高める必要がある。「適切な住居」

は、そこで暮らす人によって異なり、特定の形が定まっているわけではない。多くの工業製品のように「適切な住居」の大量生産が、「適切な居住」を意味するわけではない。しかし、居住者自身が適切な居住に向けて努力や工夫をできる「居住力」を備えることで「適切な居住」は実現する。たとえば、夏季には日照を遮り、冬季には日照を受け入れるように庇を作ったり、つる性の植物で緑のカーテンを作ったりすること。出入りの際に雨や雪に濡れないように玄関に庇を作ること。アイデンティティを醸し出すために仮設住宅に工夫した表札をかけること。「居住力」は居住者一人ひとりだけではなく、地域社会としての「適切な居住」の実現も意味する。仮設住宅の配置も玄関と裏口を同じ向きにすると、居住者同士が顔を合わせることが少ないが、向きを変えたり、広場を囲むような配置にすると近所付き合いが生まれやすい。広場に共同利用の施設や店舗があるとよりいっそう人と人とが接触し易くなる。より「適切な居住」を実現する能力が「居住力」である。

「居住力」を養うには、まず正しい「居住認識」が必要である。意識しないと、「住居が暮らしの基盤である」ことに、気がつかない。気がつかないと、居住の改善に目が向かず、対処療法としての暮らしの工夫や福祉サービスの受給で終わってしまう。そこで「居住の役割や重要性」を認識する居住者の教育が必要である。

「居住力」を身につけるには、実践が効果的である。「適切な居住」を社会に知らせる情報の発信から関係する居住者の居住実態や意見を集約する調査やコーディネート、関係者が意見を交換しやすく、合意を形成しやすくするファシリテート、住まい方の実践や、住宅や居住環境の維持・管理の工夫まで幅広い居住改善運動が居住力を養う。

不適切な居住状態で暮らしている人々は、多くの場合、貧困、障害など多くの困難を抱え、適切な教育や医療を受ける機会や社会的活動能力を喪失させられており、不適切な居住状態を改善するために、不適切な状態の居住者を支援することも支援者の「居住力」を高める。

「適切な居住を維持・創造する調整機能」も居住力として必要である。どのような制度や仕組みを作っても、いつまでも居住者にふさわしい状態が継続するとは限らない。むしろ、条件の変化で問題が起こるのが普通である。若くて健康であっても病気や怪我をしないとも限らない。身体機能が変化すれば必要な空間条件も変わる。居住者の年齢構成が変われば必要な施設や機能も変わる。社会・経済も同じ状態であるとは限らないし、居住地環境は自動車や携帯電話、インターネットなどのように移動・通信技術の革新や都市計画制度などの変更によって、人の動きや建物の変化などの影響を受けて変わる。適切な居住を構築し、維持するのに障害となる問題を居住者自身が明らかにし、社会に訴えなければならない。居住者からの問題の主張が、社会対応を喚起する。そこに居住者自身による居住改善運動の意義がある。社会はその要求を受け止め、制度を設計する責任を持つ。

経験交流と連携

地域や個人の「居住力」の発展に地域間の連携は大きな効果をもたらす。新しい経験や知識が組織間で交流すると、それらに刺激されて活力やアイデアが生まれる。国内間の交流もあるが、最近は国際的な経験交流が盛んである。グラミン銀行に倣った小口融資が世界各地で行われていることはその好例である。その他にも次のような例がある。

国際的な情報共有、経験交流の促進に重要な役割を果たしているのが、国連をはじめとする国際機関であり、ＮＧＯ、ＮＰＯがある。たとえば、アジアではＡＣＨＲ（Asian Coalition for Housing Right、居住権のためのアジア連合）がある。二〇〇一年七月、ＡＣＨＲの後援で韓国、日本、香港の三国のホームレス交換プログラムが実施（ホルヘ・アンソレーナ、二〇一五頁）され、経験が交流された。

世界的なネットワークとしてＣＯＨＲＥ（Center on Housing Right and Eviction）が一九九四年に設立されている。居住の権利を守り、追立てを防止するために世界的なネットワークを構築し、調査・出版、ＮＧＯ、行政などさまざまな人々を訓練している。不適切な住宅行政を批判したり、適切な施策を奨励するために賞を発行している。たとえばスコットランドの住宅法を画期的なものとして表彰した。東南アジアでは二〇〇九年にＡＩＣＨＲ（ASEAN Intergovernmental Commission on Housing Right）が設立され、ＣＯＨＲＥと密接に連携している。

借家人という、どちらかと言えば弱い立場の居住者の権利を守る組織もある（高島、二〇〇七、参照）。一九二六年に設立されたＩＵＴ（International Union of Tenants）である。組織の目的は、人にふさわしい適切な住居に住む居住の権利を認識し、それを実践するために情報を交換することにある。具体的にはウェブサイト、雑誌の発行（季刊）、セミナーの開催、国連機関（ECE, UN Economic Commission for Europe. ＵＮハビタット）、研究グループ（ENHR, European Network for Housing Research. APNHR, Asia-Pasific Network for Housing Research. EHF, European Housing Forum）などと連携している。

またヨーロッパのホームレス問題に関わってＦＥＡＮＴＳＡ（the European Federation of National Organisations working with the Homeless）が一九八九年に設立された。活動地域はヨーロッパの三〇カ国に及び、ホームレス問題を解決するために調査、研究、情報の提供やセミナーなどを開催している。ＥＵ機関や研究グループ

（ＥＮＨＲ内のワーキンググループ、ＷＥＬＰＨＡＳＥ（Welfare Policy, Homelessness and Social Exclusion）と連携して年一回の国際会議を開催している。二〇一一年はピサ（イタリア）で開催され、テーマは後述の「移民」であった）とも密接な関係を持っている。

京都府宇治市の在日朝鮮・韓国人集落、ウトロは、第二次世界大戦中の飛行場建設に端を発するが、土地の所有権が民間開発業者に移り、住環境も整備されず、放置されたまま、再開発によって追い出され、居住の権利さえ侵害されかねない状況であった。しかし、二〇〇四年の春川市（韓国）で開催された第四回日中韓居住問題国際会議に関わり、アピールすることで韓国の支援を得ることができ、居住の権利を守る状況が生まれつつある。日本における国際連携による画期的な事例のひとつである。

様々な組織の地域や国を超えた情報や経験の交流は、三つの意義がある。ひとつは、新たな知識や知恵を組織が得ることによって同じような問題への解決のヒントを得ることができる。二つには、国際的な専門家のネットワークの中で問題を共有することで、国際的な支持を得て問題を解決に向かわせることができる。三つには、各組織の利点を活用することができる。ＮＰＯは現状を良く知り、学術団体は全体を見渡し理論構築を図ることができる。両者が連携することで実情に合った理論の構築と活動がなされ、居住問題の解決が期待できる。

世論喚起

居住者自身の力だけでできることには限りがあるので、社会的な仕組みを働かせる必要がある。かつてと違い、現在はメディアの発達でさまざまな媒体を通してより多くの人々が居住問題の情報を共有し易くなった。人びとの共感が得られると世論が喚起され、政策を変えられる。世論喚起方法として例えば以下で紹介する組織、集会、具体的な行動がある。

前項で居住問題の発見を紹介したが、一旦克服できたと考えられていた居住の貧困が、一九六〇年代のイギリスで注目されるようになった。そのきっかけは、イギリス人の四分の一が視聴したとされる一九六六年のBBCドキュメンタリードラマ『キャシー・カム・ホーム』である。シェルターやクライシスの設立を促し、一九七七年のホームレス法制定に大きな影響を与えた。クライシスは単身ホームレスの問題に、シェルターは、調査、研究、出版、キャンペーン、シンポジウムなどを通してホームレス問題、住宅問題に関する世論形成に大きな影響を与えている。『キャシー・カム・ホーム』の概要は以下の通りである。

この物語は、キャシーとレッジの恋から始まる。二人は結婚し、幸せに暮らし、やがてキャシーが妊娠する。出産が近づいた頃、運転手をしていたレッジが事故を起こし、怪我を負う。二人には就労による収入が無くなり、住居費がまかなえず転居する。キャシーの母の家に居候しながら、住宅を探すが、住宅不足のため、なかなか住宅は見つからない。実家にも居づらくなり、スラム街に転居する。子どもが次々と生まれ、三人の子持ちになるが、レッジは就労せず、隣人に家賃を払ってもらった。ところが、隣人が急死し、家賃の滞納が発覚した。大家は親類が住むとのことで、キャシーたちを追い出すことにした。キャシーたちは裁判に敗れ、追い出されることとなった。その間、住宅を探し歩いたが、家賃や敷金が高かったり、子どもがいると断られ、住宅を見つけることができなかった。その当時、公営住宅の待機者リストはバーミンガムで三万九〇〇〇世帯、リーズで一万三五〇〇世帯、リバプールで一万九〇〇〇世帯、マンチェスターで一万五〇〇〇世帯であった、という。キャシーたちは過密居住状態であるということで保健所の訪問を受けるが、追い出されるということがわかると、役人はそれだけで帰ってしまう。キャシーたちは住居から追い出され、ついにキャラバンカーに住むことになった。そこで何とか過ごせそうになっていたが、キャラバンカーの居住者への一般市民の目は冷たく、「きたない」「なまけもの」という烙印を押されていた。ある夜、花火が打ち込まれて火災が起きた。その事件を契機にキャシーたちは転々と放浪することになった。ボートでの居住を探したり、借家を探したり、廃墟でもすごした。テントを建てているとき、「もう子どもが耐えられない」とキャシーがレッジに訴え、彼らは福祉事務所に向かった。窓口では、親、親戚、友人、知人で住まわせてもらえるところはないか、入念な質問を受けた。「もうどこにも住むところがないから、ここに来た」とキャシーは訴えた。役人は「居住環境は悪いが、それでも良いか」と念を押し、「夫は入所できないこと、一日に一回会うことはできること、利用料が前払いであること、三カ月の期限付きであること」を確認した。施設は不衛生、騒々しく、落ち着かない、子どもの学校など教育を受けさせることができないなどの問題があった。キャシーは長男を養育してもらうために手放した。施設入所後三カ月が過ぎ、キャシーは再び尋問を受けた。住むところがないこと、子どもには父親が必要なことを訴えたが、「もう一度、機会を与えるから自力で住むところを探すように」と促されるだけであった。前期間は個室であったが、今回は雑居部屋であった。職員とトラブルを起こし、レッジが入所費用を支払っていないことがわかり、施設を強制退所させられることとなった。キャシーは、「あなたのことはもう知らないが、子どもは国が守らなければならない」と言い渡された。駅のベンチで休んでいると、役人が二人の子どもをキャシーから奪い去った。最後のテロップで、毎年四〇〇〇人の子どもがホームレスであるために親から引き離され、イギリスでは西ドイツの半分しか住宅が建っていないことが示され、イギリスの住宅不足が強烈に印象付けられる。

このドラマが放映された直後からＢＢＣの電話は鳴りっぱなしであったという。「キャシーを助けろ」「キャシーはどうしている」という問い合わせが多かったそうである。イギリス国民に住宅不足を訴えた歴史的なドラマであった。アンデルセンによるアングロサクソン型の福祉国家の限定的な福祉施策の特徴も浮かび上がらせている。幸せにあふれるはずであったキャシーたちの家庭が、夫レッジの一回の事故で脆くも崩れさる様子が視聴者に他人事ではないという強烈な印象を与えたのだろう。何故、問題のない普通の家族がホームレスになり、家族が引き裂かれなければならないのか、という憤りである。同時に居住者自ら、あるいは居住者世帯がそれぞれの生活に合った住居を手に入れることができないと、どれほど深刻な問題になるかも訴えているように感じられる。

一九九一年ロンドンで、居住問題を訴え、社会を変革する新たな媒体として『ビッグ・イシュー（Big Issue）』が創刊された。路上生活者が物乞いをして、そのお金で薬物などを買い求めることが問題視されていた。『ビッグ・イシュー』は路上生活者を販売員にすることで売り上げの一部を路上生活者に分与し、物乞いや薬物依存をなくそうと発刊された。『ビッグ・イシュー』は路上生活者を雑誌販売者として訓練することを通して、日常生活の相談やアドバイスを行い、ホームレスの生活能力を高め、社会生活への道筋を作っていった。ホームレスから雑誌の編集員になった者もいる。一方、雑誌の記事や広告などを通して、一般市民や企業、団体にホームレス問題を生み出さない社会への変革を働きかけている。『ビッグ・イシュー』は、雑誌の編集・販売以外には施設を持たないので、住宅協会、大学、職業訓練などさまざまな団体と連携を保ちながら多様な活動を展開している。たとえば、住宅協会との連携では空き家を改修し、ホームレスを居住させるプロジェクトがあった。『ビッグ・イシュー』は日本でも二〇〇三年、大阪で始まり、東京、名古屋へと広がりを見せている。日本とイギリスでは、社会の受け取り方が違うので、同じ『ビッグ・イシュー』という名前であっても野宿者への支援や社会への影響の与え方はおのずから異なる。

アメリカでは直接的なアピールと多くの人びとが参加できるパフォーマンスが組み合わされたイベントとして運動が行われる。筆者は、一九八九年に訪米した折、ワシントンDCのナショナル・モールでの「Housing Now!」という集会に参加した。全米から数十万人の人々が集まり、ホームレス問題や住宅問題を解決するために住宅関連予算の復活を要求する集会であった。一九八〇年からのレーガン政権が終了し、新たなブッシュ政権に対する予算要求運動であった。ジェシー・ジャクソンを先頭にしたモールでの行進には学生など若者の参加も目立った。「なぜこの集会に参加しているのか」とたずねてみると、「自分たちにとっても大きな問題であるから」との答えが返ってきた。日本でも東日本大震災の復興を目指したチャリティ・コンサートなどが行われているが、二〇年以上も前にこうした社会運動で、スティービー・ワンダーなど著名なアーティストの演奏を目にしたことは新鮮であった。世代や分野を超えた運動によってこそ、世論は動かされるのではないだろうか。

日本で住宅政策の世論形成に大きな役割を果たしているのは、一九八二年に設立された日本住宅会議である。後述する学術団体や住宅活動団体の連携をひとつにしたユニークな組織である。日本住宅会議は設立されて三〇年が経過するが、会報の出版、シンポジウムの開催、声明やアピールなど住宅問題への世論喚起の役割はますます大きくなっている。しかしながら、まだ議員や官僚を納得させ、居住者中心の居住法制定には至っていない。

二〇〇八年暮れ、東京の日比谷公園で「年越し派遣村」が設置された。この活動は、最近の日本で社会に画期的な影響を与えた活動であると評価できる。二〇〇八年秋のリーマンショック以降、世界的な金融不況が広がり、製造業にまでその影響が及んだ。製造業の生産調整の結果、多くの派遣労働者が仕事と住居を失った。

それまでの慣例で六五歳未満の野宿者への生活保護費の支給は、生活する場所が定まらず、生活指導などが困難であるという理由で、ほとんどされてこなかった。しかし、派遣労働であるとはいえ、直前まで就労していたことが明白な人々が、突然仕事と住居を失う事態に至り、路上で暮らさざるを得ないという事態を「年越し派遣村」は可視化した。生活保護行政を司っている厚生労働省の前で訴えたので効果は絶大であった。「年越し派遣村」以降、生活保護費の支給されるケースが増えた。

ところが一方で、生活保護費の受給を目的としたような、いわゆる「貧困ビジネス」が増えてきた。野宿者数は二〇〇三年の二万五〇〇〇人から二〇一一年の一万一〇〇〇人まで減少したが、無料低額宿泊所で暮らす人々は、二〇〇六年の一万二一一〇人から二〇〇九年には一万四〇八九人に増加している。生活保護受給者も二〇一一年には二〇〇万人を超えた。生活保護を受給して無料低額宿泊所に暮らす人々が増えたが、一人三畳程度の空間と引き換えに生活保護費を吸い上げられ、居住の自立が見通せない。

イギリスにおいても二〇〇〇年代の前半は、B&Bなど一時的居所に暮らすホームレスが増大し、社会問題となった。野宿者を一時的居所に移すだけでは、宿泊費などに多くの予算を費やすだけで、ホームレス問題の本質的な解決にならない、本質的な解決を目指すために住宅政策そのものにメスを入れる必要がある、という論調であった。B&Bと公営住宅での暮らしを支える予算を比較するとはるかに公営住宅での暮らしのほうに経済合理性があるというものであった。もちろん、そのほかにも子どもへの教育の影響、健康への影響、精神的な影響も無視できず、一時的居所で生活する悪影響がさまざまな調査報告書で指摘された。その後一時居所での生活期間が限定されるなど、ホームレスに可能な限り適切な居住を実現させるように努力されている。現在では、ホームレスに陥ることがないように、住宅で暮らしている段階でホームレスを引き起こすさまざまな問題を解決するための、「ハウジング・オプション」という手法が展開され、さまざまなＮＰＯがホームレスに陥りそうな人々の生活を支える支援活動を展開している。

残念ながら日本ではイギリスで起こったような議論はまだ聞かれない。生活保護費の受給が貧困問題に関して前進であるように認識されたが、適切な住宅がなければ適切な居住を実現できないことがようやく貧困問題や人権擁護に関わる人々に認識されるようになった段階である。その認識の広がりはまだまだ不十分で、生活保護費を削減するために受給基準の見直しなどが、「社会保障構造改革」などという名称で議論されるようになっている。現在は、住居を失った人々に生活保護費で屋根を提供できるようになった段階なので、適切な居住を実現する社会的な仕組みの構築に議論を移す、非常に重要な時期である。

経済のグローバル化を通したマイノリティ問題

世界中の人の移動が自由になったことで、新たな居住問題としてマイノリティの問題がクローズアップされてきた。かつての植民地と宗主国の関係から多くのヨーロッパ諸国にアジア・アフリカからの移民が増えてきた。二〇〇五年秋、パリ郊外の社会住宅団地を中心に低所得の移民が暴動の中心になったことは記憶に新しい。二〇一一年にも警察による射殺をきっかけにロンドンをはじめイギリス各地で暴動が起こった。その背景には社会的に不利益をこうむっているマイノリティの問題があるといわれている。イギリスの住民を三つの階層に分けることができる。最上位に日本、韓国、中国など東アジア出身者である。多くは勤勉で教育水準が高く、裕福である。大多数を占めるのはもともとイギリスに住んでいた人々である。その下にマイノリティグループとして特に北アフリカやイスラム圏の人々が位置する。彼らは学歴が低く、高収入の職業に就けず、貧困な地域に集住し、貧困が世代を超えて継承されている。「社会的排除」という言葉はイギリスでは、狭小、老朽、不十分な設備、不便な立地、不安定な治安、失業者、低所得者、低学歴者が集中し、そこの居住者が特定の人種や民族で、居住地域全体が社会から隔離されている状態が生じていることを意味する。「社会的排除」状態であるために、宗主国に移住してきた人々は、社会保障制度を知る機会もなく、貧困に甘んじている（FEANTSAのピサ会議でのスザーン・フィッツパトリック教授の報告より）。貧困状態が改善されない人びとにとって、その居住状態は、耐え難いものとなる。それがしばしば暴動として可視化するのだが、「適切な居住」を実現することが抜本的な解決につながると考えられる。宗主国の多くは財政状況の不調や高齢化の進展を背景に移民などへの社会保障費の支出が困難な状況にあるが、社会的に不利益をこうむっているマイノリティにこそ真っ先に「適切な居住」を実現すべきである。

II　震災復興と居住運動

東日本大震災の復興に向けて、居住運動を通じた観点を提示してこの稿を終える。

まず、基本的に、震災の復旧・復興のいかなる段階においても人にふさわしい適切な居住の実現に向けて最大の努力が払われなければならない。それは避難所であれ、仮設住宅であれ、何時いかなる時にでも国際的な観点でも、である。

ところが住居は労働の成果であるとする「甲斐性論」が日本では一般的であるため、避難所や仮設住宅は一時しのぎだということで、人にふさわしい環境が提供されていない。「労働の成果として居住水準が向上するのだ。働かざる者、食うべからず」、である。仮設住宅の時期が終了すれば、自ら働いて満足いく水準の住居を手に入れればよいのだ、という考え方である。一見、もっともな意見であるように思えるが、不公正を抱えているという重要な点を見落としている。例えば高齢であれば、新たな就労を得る機会はとても少なく、融資をする金融機関もない。また、子どもは生まれる家庭を選べないし、住居を選べない。適切な住環境を維持できない住居に生まれた子どもは健康の維持に困難を覚える。狭小過密な住居では、勉強したくてもその場所が確保できない。学習成果の差は、就職に影響を与え、収入に格差が生じる。公平な競争であれば「住居の甲斐性論」も説得力があるが、格差を内包していれば意味を成さない。それどころか、「適切な住居の確保」が国民を過酷な労働に駆り立てる道具になる。障害を得たり、病気になったり、失業したりして働けないと、人としての「適切な住居」で暮らす機会を失う可能性が大きくなる。母子世帯や非正規就労などで低所得の人々も適切な住居を得る機会が少ない。その結果、基本的な人権が侵された人々が生まれる。「適切な居住」が基本的人権であると認識され、居住の貧困状態に陥った人びとに、「適切な居住」が保障され、適切な教育や職業訓練が与えられると、適切な賃金を得られる職業に就け、社会に貢献できる。被災時だからこそ、このことをおろそかにしてはならない。

第二に居住改善運動の到達点としての「居住者主体」を基本とすることである。差別や区別で、主体的に居住環境の形成に関われない女性、高齢者、障がい者、アレルギーを持つ人、難病患者などの人々が、人としての尊厳を持って暮らせるように、彼らを意思決定の中心に据える参画のルールを構築することである。様々な障害を抱える人々は、自分への特別な配慮を要求することをためらう。しかしながら、そのことは当事者の生命に関わることが多く、「自分だけが我慢すれば良い」という雰囲気を醸し出すことは重大な危機を招きかねない。居住改善運動の主体に居住者を据えることで居住改善が前進し、展望が開けてきた歴史を無視してはならない。

居住状態によって必要な支援や対策は異なる。居住状態は常に変化するため、それらにスムーズに対応するためにも、居住者を居住環境形成の意思決定に「参画」させなければならない。病人、障がい者、アレルギー患者、高齢者、妊婦、子ども、女性は災害弱者と考えられるが、彼らの「参画」を保証することは、彼らを支援の対象者として社会の後方に退けるのではなく、後々、居住者自身が主人公となるまちづくりを進める重要なステップとなる。居住者が居住環境形成に意味ある「参画」を果たすためには、教育と訓練が必要である。居住者から居住改善運動のリーダーを育て、他地域との連携や他分野との協力を通して地域の「居住力」を高めることを目標とすべきである。

生活圏域ごとに被災者のニーズや地域資源を見つける視点を提示したり、汲み上げる仕組みを作ったりするファシリテータ、リーダーなどを外部から受け入れたり、被災者自身から育てる学習、住民の能力開発が必要となる。『アメリカ大都市の生と死』の著者として有名なジェイコブズとニューヨークのマスター・ビルダーとして君臨したモーゼスを対比した『ジェイコブズ対モーゼス――ニューヨーク都市計画をめぐる闘い』（アンソニー・フリント、渡邉泰彦訳、鹿島出版会、二〇一一年）には、ジェイコブズが町を眺めたり、自宅で地域住民と飲みながら地域の資源を見つけ、居住者とのネットワークを創り、高速道路網を造ろうとしてきたモーゼスと闘ったようすが、興味深く描かれている。ジェイコブズのような地域住民のリーダーの育成は地域の「居住力」を高める大きな力となる。

第三に被災地内外や分野間の連携である。

適切な居住を実現するには、仕事、商店、病院、福祉、学校、友人・知人・親戚、交通機関、情報などが居住者の必要に応じてそろわなければならない。そのためには多様な専門家の協力が必要で、集落ごとに震災復興チームが組織されなければならない。早川（二〇〇五年）が紹介している世界各地の事例でも、銀行家、建設労働組合、開発公社、ボランティア、宗教団体、不動産会社、建築家、保健師など多様な職種の人々が、それぞれの職能や力を合わせて人にふさわしい居住地を創ってきた。今回の復興に当たっても多様な分野で同時並行的に居住環境が実現しなければ人は生活できない。そのための情報交換と連携が必要である。

地域間の経験も交流すべきである。今回の被災地は広大である。地域によって条件が違う。条件に合わせて復興するのが原則であるが、活用できるアイデアはお互いに共有できるように経験交流をすべきである。それぞれの地域からの経験や復興のアイデアを集め、組み合わせて被災地全体の復興計画や構想を立てるべきである。中央で復興計画を作成し、地域に降ろす方法は地域の産業や居住者自身の役割を損ない、地域の活力を奪う。「第五」に述べるように地域の経済循環を尊重し、その集合体として被災地全体が復興するように構想すべきである。

第四に全国的な社会制度を構築する運動を続けなければならない。選挙が居住者の必要性を汲み上げる仕組みであるが、被災地と国会では大きな乖離が生じている。必要な支援と連携を強めるために全国及び全世界に『キャシー・カム・ホーム』のように人々の心を動かす情報を発信することである。また継続的に情報を提供する必要もある。マスコミの報道は、どうしても一般の耳目を集めるものに偏りがちである。地域復興の情報媒体を立ち上げ、情報を発信すべきである。そのためにはインターネットや従来の紙媒体などさまざまな手段を駆使することである。

第五に、地域の流通や経済循環の構築である。地域においてモノやサービスが地域住民主体でやり取りされなければ地域の活力は戻らない。ホルヘ・アンソレーナの『世界の貧困運動と居住運動』（二〇〇七年、一四六―一五六頁）に一九九三年のマラスクダ地震（インド）被災地での住宅の修復問題が取り上げられている。そこでは、地域の技術、文化、産業を無視した外部からの支援ではなく、地域の文化、地域の産業、住民参加を重視した修復や復興が強調されている。なぜなら、地域の産業や住民が主体になることで、地域が自立できるからだ。外部からの技術や材料だけで作られると、その後の修復や地域の自律が困難になる。岩手県住田町の木造仮設住宅はそのひとつの事例となるであろう。

最後に「社会的資産としての住居」という認識の確立による、被災者の生活を支える仕組みの構築である。

復旧・復興の最大の障害は資金不足である。避難所から仮設住宅への移動の障害は、電気、ガス、水道などライフラインに関わる費用負担である。少なくとも就業後、被災者自身で生活を営めるまで、経済的負担を支えなければならない。恒久住居についても当初は集落共同所有とし、余裕の生まれた者が買い取れるようにすべきである。住居は私的財産であると考えず、社会的な財産であると考えるべきである。人が集まって集落ができ、街ができ、仕事も産業も生まれる。人が暮らせる生存の基盤である住居と生活を支えるライフラインは地域社会や国家が担わなければ、経済的負担のできない人々は被災地域で暮らせず、阪神・淡路大震災から復興できない神戸市西部の二の舞になる。

世界の居住運動から今回の震災復興に役立つ鍵を見つけ、それを生かして被災地が一日でも早く真の復興を実現されることを祈る。

（中京大学教授）

参考文献

アンソニー・フリント『ジェイコブズ対モーゼス——ニューヨーク都市計画をめぐる闘い』渡邉泰彦訳、鹿島出版会、二〇一一年

内田雄造編著『まちづくりとコミュニティワーク』解放出版社、二〇〇六年

金沢良雄他編『住宅問題講座1　現代居住論』有斐閣、一九七一年

高島一夫『世界の借家人運動』東信堂、二〇〇七年

中島明子「オクタビア・ヒル・リバイバル」、橋本和孝他編『世界の都市社会計画』東信堂、二〇〇八年、四八—五一頁所収

早川和男・岡本祥浩『居住福祉の論理』東京大学出版会、一九九三年

早川和男編集代表、内田勝一・平山洋介編『講座現代居住　世界の居住運動』東京大学出版会、一九九六年

早川和男『人は住むためにいかに闘ってきたか』東信堂、二〇〇五年

ホルヘ・アンソレーナ『世界の貧困運動と居住運動』明石書店、二〇〇七年

穂坂光彦「アジアの居住運動」、早川和男編集代表、内田勝一・平山洋介編『講座現代居住　世界の居住運動』東京大学出版会、一九九六年、一四七—一六五頁所収

Department of the Environment, Transport and the Regions, Department of Social Security, *Quality and Choice: A Decent Home for All, The Housing Green Paper*, 2000

第Ⅱ部　被差別部落と居住権

同和住宅明け渡し裁判の現状と課題

位田　浩

はじめに

兵庫県西宮市の芦原地区では、被差別部落の住民たちの運動により改良住宅が建設され、住民の居住が保障されてきた。

西宮市は、二〇〇八年一一月から一二月にかけて、芦原地区にある改良住宅に居住している住民二六名に対し、家賃滞納を理由に賃貸借契約を解除し、住宅明け渡し訴訟を神戸地方裁判所尼崎支部に提起した。

本稿では、この裁判にいたる経過と現状について報告するとともに、同和住宅の明け渡しをめぐる課題について述べたい。

一　同和住宅とは

同和住宅とは、同和対策事業の一環として、被差別部落地区の住環境を改善するために建設された公的住宅のことである。

一九六五年の同和対策審議会答申において、同和対策の具体案の一番目に環境改善対策があげられた。地区住民が健康で文化的な生活を営むためには生活基盤である環境を改善し、地域にからむ差別的偏見をなくすことが必要であり、その具体的方策の一つとして、公営住宅及び改良住宅の建設を積極的に行うことが指摘されたのである。

同和住宅には、公営住宅と改良住宅とがある。公営住宅は公営住宅法（公住法。同法は一九九六年に大幅に改正されている。改正前を「旧公住法」、改正後を「新公住法」と略す）に基づいて建設された住宅であり、改良住宅は住宅地区改良法（住改法）に基づいて建設された住宅である。この法律上の根拠の違いは、住宅の成り立ちの違いといってもよく、後述する改良住宅の家賃債務不存在訴訟において、住民側の主張の論拠のひとつとなった。改良住宅は多くが同和対策として建設されてきたのに対し、公営住宅は一般に低額所得者のための住宅対策として建設されてきたことから、とくに同和対策のために建設された公営住宅は「同和向け公営住宅」あるいは「地域改善向け公営住宅」と呼ばれてきた。

二　公営住宅と改良住宅の異同

公営住宅は、国と地方自治体が協力して健康で文化的な生活を営むに足りる住宅を整備し、これを住宅に困窮する低額所得者に対して低廉な家賃で賃貸することを目的として建設される。第一種公営住宅と第二種公営住宅とに区分され、第一種公営住宅は低額所得者でも一定水準の収入のある者に対して賃貸する住宅で、第二種公営住宅は第一種公営住宅の家賃を支払うことができない程度の低額所得者や災害により住宅を失った低額所得者に対して賃貸するための住宅である。この区分は、一九九六年の公住法改正により廃止された。公営住宅の入居者は、低額所得者の居住確保という住宅の目的から一定の収入額以下の者にのみ制限されており、いったん入居した後も、一定水準を超える高額所得者となれば、住宅を明け渡す努力義務を負う。

これに対し、改良住宅は、不良住宅が密集し、保安や衛生状態が危険・有害な状況にある一定の地域を改良地区に指定して実施される住宅地区改良事業により建設される住宅である。改良地区の不良住宅を除却して土地を収用したうえ、区画整理をしてその上に建設される。その際、もともと改良地区に住んでいた人は改良事業によって土地や住宅を失うことになるため、住宅に困る世帯数に相当する戸数の住宅を建設し、事業で住居を失った人を改良住宅に入居させせなければならないとされている。入居資格においても、収入の多寡は問われない。改良住宅は、改良事業に伴う代替住居として位置づけられるため、高額所得者でも入居資格があり、住居の明け渡し努力義務を負うこともない。

改良住宅と公営住宅は、建設の目的・経緯や入居資格等において大きく異なるが、これらが同和住宅としてひとくくりにされるのは、同和対策事業の一つとして、同和対策事業特別措置法（同対法）に基づいて国の特別の財政的支援のもとで建設されたことによる。すなわち、同対法は、同和対策の目的を達成するための財政上の措置として、地方自治体が行う事業の三分の二を国が負担すること、地方自治体が必要とする残り三分の一の経費が地方債によって充てられること、地方債の償還にあたっては五分の四を地方交付税によって充てることを定めた。そのおかげで、地方自治体の負担は三分の一のうちの五分の一、つまり一五分の一の財政負担によって事業が実施できるようになったのである。時限立法であった同対法が失効した後、同和対策事業を継続するのに制定された地域改善対策事業特別措置法（地対法）やその後の地域改善対策特定事業に係る国の特別措置に関する法律（地対財特法）においても、同様の財政的措置が定められた。

三　同和住宅の家賃の決定方法——法定限度額方式

このようにして建設された同和住宅の家賃については、一般の公営住宅と比べてもより低額に決められた。部落差別によって地区住民の所得が不安定で低い水準にあったことによる。

旧公住法では、公営住宅の家賃額は、住宅の工事費を期間二〇年以上で償却することとして算出した額に、修繕費、管理事務費、損害保険料及び地代相当額を加えたものを月割りした額を限度として、事業主体たる地方自治体が決めることになっていた（旧公住法一二条）。これを「法定限度額方式」と呼んでいる。家賃額の変更するときも、変更事由（①物価の変動に伴い家賃を変更する必要があるとき、②公営住宅相互間の家賃の均衡上必要があるとき、③公営住宅について改良を施したとき）がある場合に、限度額の範囲内において、地方自治体が裁量で決めることができた（旧公住法一三条）。同和向け公営住宅は、旧公住法の第二種公営住宅として取り扱われ、第一種公営住宅よりも低額な家賃額が設定された。

また、改良住宅の家賃の決定方法は、住改法により改良住宅が第二種公営住宅とみなされたことから、第二種公営住宅と同様に低額の家賃額に抑えられた。改良住宅の家賃の変更についても、旧公住法一三条が準用されていることから、前述の三つの変更事由のうち一つがあれば、変更することができる。ただし、改良住宅と公営住宅との間の家賃の均衡をはかるために家賃を変更することはできないと解されている。公営住宅が低額所得者に対する住宅の供給という目的で建設されるのに対し、改良住宅は改良事業によって住宅を失った者に住宅を与えるという目的で建設されるものであって、両者がその本質を異にするからである。

四　西宮市の改良住宅

西宮市の芦原地区には、同和向け公営住宅はなく、住宅地区改良事業で建設された同和対策のための改良住宅がある。一九七一年と一九七六年に芦原地区のうちいくつかの地域が住宅地区改良事業の地区指定を受け、一九九七年までに一四七九戸の改良住宅が建設された。もっとも、一九九五年の阪神大震災後には、被災した住民のために震災復興を目的として三四八戸の改良住宅が建設されている。

西宮市は、これらの改良住宅を含む公的住宅（市営住宅）の設置及び管理のために、西宮市営住宅条例を定めていた。同条例では、市営住宅の家賃は法定限度額の範囲内において市長が定めるとし、具体的な金額は同条例施行規則において定められた。改良住宅の家賃は、各居室の広さに応じて一律で、一九七一年に建設された改良住宅は、A型（専有面積四五・九平米）が一四〇〇円、B型（専有面積二二・九九平米）が七〇〇円であった。以後一九八六年までに建設された改良住宅は、A型（専有面積五六・七八平米）が三〇〇〇円、B型（専有面積二七・三九平米）が一五〇〇円、C型（専有面積六三平米）が三四〇〇円であった。その後、一九八七年から一九九二年までの五年間で段階的に値上げが実施され、それぞれ六四〇〇円、三二〇〇円、一万一二〇〇円、五六〇〇円、一万二五〇〇円となったものの、一律の低家賃は維持された。

五　応能応益方式と同和住宅への適用

一九九六年の公営住宅法改正の目的は、低額所得者や高齢者等で真に住宅に困窮する人に対して公営住宅を的確に供給するというものであった。そのため、入居要件について、高齢者・障害者世帯を除いて入居申込者の収入基準を下げて厳しくし、家賃の決定方法について、それまでの法定限度額方式から、入居世帯の収入と住宅の利便性に応じた応能応益方式に変更した。つまり、一定の収入がある世帯については、公営住宅への入居申込みをできなくする一方、すでに公営住宅に入居している世帯に対しては、収入に応じて家賃を高額化することで、公営住宅から追い出そうというのである。

新公住法が採用した応能応益方式とは、家賃の算定方法について、世帯の収入額に応じた基礎額を国が定め、それに公営住宅の床面積、立地条件、建築年数、利便性についてそれぞれ定めた係数を乗じて算出するものである。この家賃制度は、入居者の収入額が基礎となるため、毎年、入居者は自治体の窓口に所得証明書を添付した収入申告書を提出しなければならない。もしも収入申告を怠れば、近傍同種の住宅すなわち一般民間賃貸住宅並みの最高家賃が課されることになるのである。

公営住宅法の改正と同時に、住宅地区改良法も一部改正された。しかし、改良住宅の家賃の決定方法については、法改正後も改正前の公住法が準用されることになった。つまり、改良住宅の家賃は、新公住法の定める応能応益方式を採用せず、従前の法定限度額方式でいくことになったのである。ところが、法改正当時の建設省住宅局は、改良住宅の家賃について法定限度額の範囲内であれば応能応益的家賃制度を行うことができるとして、一九九七年一月「改良住宅の家賃については、公営住宅の家賃との均衡上必要がある場合等には、住宅地区改良法の規定の範囲内において、公営住宅の家賃と同様に入居者の収入及び当該改良住宅の立地条件、規模、建設時からの経過年数その他の事項に応じた額を設定することができること」を都道府県から各市町村へ周知徹底することを通知した。

公営住宅法の改正に伴って、西宮市においても、一九九七年三月に西宮市営住宅条例を全面的に改正した（改正前の条例を「旧条例」、改正後の条例を「新条例」と略す）。

西宮市は、改良住宅のうち同和対策のための改良住宅については、旧条例の規定を適用し、法定限度額の範囲内で家賃額を決定することにした。しかし、建設省の通知にしたがい、入居者の収入に応じて減免率を決める応能応益的家賃制度を導入した。この制度は、改良住宅の各戸について、法定限度額の範囲内で規模や建築年度などに基づいた最高家賃額を設定し、入居者が収入の申告をすれば、その収入額に応じた家賃に減額して決定するというものである。もしも収入申告をしなければ、最高家賃額が課せられることになった。なお、この最高家賃額について、西宮市は、次の震災復興目的の改良住宅の最高家賃と整合性をもたせたとしている。

これに対し、震災復興目的の改良住宅については、新条例の規定を適用し、法定限度額の範囲内ではあるが、収入の階層により五段階の家賃を設定し、入居者からの収入申告を義務づけ、その収入額に応じて家賃を決定することにした。

いずれの改良住宅についても、家賃決定方法は、限度額の範囲内とはいえ、収入額に応じて一定の収入のある者を住宅から追い出すために高額の家賃を設定するものとなり、応能応益家賃制度と本質的に変わらないものであった。

六　家賃改定と住民による従前家賃の供託

西宮市は、一九九七年一〇月、改良住宅に居住する住民に「家賃見直しについてのお知らせ」という文書を配布し、一九九八年一月から家賃を変更することを通知してきた。その文書では、家賃を変更する理由として、公住法の改正により家賃決定方法が入居者の収入に応じて決まることになったこと、同和対策事業に関する特別措置法が期限切れとなり同和減免を廃止したこと、第二種公営住宅との家賃格差が四倍になったこと、物価上昇等により住宅の維持管理費が増加したことをあげ、収入申告をかねた減免申請を促すものであった。ただ、この家賃制度の導入により多くの住民において家賃の大幅かつ急激な上昇が見込まれたことから、西宮市は五年間の激変緩和措置をとることにしていた。

住民は、応能応益的家賃制度の導入によって大幅な家賃値上げとなり、部落差別をなくすために土地や建物を提供してその代わりに居住している改良住宅の建設経緯を無視するものであるとして、この家賃制度の導入に反対し、その撤回を求めるべく、芦原地区自治会連合は新たな運動を展開した。ある住民は、変更前は一万一二〇〇円であった家賃が、五年後には最高で三万六〇〇〇円となった。またある住民は、従前の家賃額六四〇〇円が五年後には二万五七〇〇円となった。住民たちは、このような値上げが行われるのであれば、もともと居住していた住宅を改良事業のために提供することもなかったと証言した。芦原地区自治会連合は西宮市に対し、家賃制度の変更を白紙撤回するよう再三にわたって申し入れたが、西宮市はこれを受け入れず、一九九八年一月から家賃値上げを強行してきた。住民たちは家賃制度そのものを受け入れられないため、収入申告をしなかったところ、最高家賃額が決定されて請求を受けることになった。

住民側は、家賃の変更後も従前家賃額の受け取りを求めて西宮市の担当課へ出向いて交渉した。しかし、西宮市は、新家賃でなければ受領できないとして従前家賃の受領を拒んできた。住民たちはやむなく従前家賃を法務局へ供託した。

他の自治体の中には、同和向け公営住宅について、一律に減免制度を利用して、従前の一律低家賃を維持したところがある。

滋賀県虎姫町（現在は長浜市と合併）は、公営住宅法の改正に伴い、国が示した標準条例に基づいて公営住宅管理条例を制定したが、同和住宅の居住者については減免制度を適用し、一律低家賃を実施した。同町はその理由を次のように説明している。

「当町が供給する公営住宅は同対審答申で特に重要と指摘された同和地区の劣悪な住環境を改善する目的を持って設置された地域改善向け公営住宅であり、これまで一般向け公営住宅とは異なる供給と管理を行ってきた。また、地対協意見具申で指摘されているように同和地区住民の就労状況並びに経済的状況はまだまだ不安定で低位な状況にあり、今後の主要な課題として就労対策の適正化が求められている。こうした状況は当町においても例外ではなく、こうしたもとで新たな新家賃制度を適用することは次の事由により入居者ならびに地域に不要な動揺を招くことが懸念された。①入居者が住宅使用の対価として支払う家賃については、入居者が公平に負担することにより入居者相互の連帯が図られており、この連帯意識が地域コミュニティを支えている実態がある。②地域の収入・申告も確定しない現状のもとで家賃設定を機械的に行うことは、入居者に新家賃制度に対する不信感を抱かせる一方、このことが起因して地域コミュニティの混乱を招く。③当町の公営住宅入居事由が一般にいう「住宅に困窮する」事由とは異なり、行政が推進する住環境整備事業に伴い入居された経緯がある。こうした経緯からして一般向け公営住宅と同じくした新家賃制度は入居者に理解されない。当町は公営住宅の管理条例の改正にあたって、入居者と地域の実態に即した運用を行うこととした。」

また、奈良市は、新公住法の適用される同和向け公営住宅については応能応益家賃制度を導入したが、新住改法に基づき旧公住法の適用される改良住宅については従前の一律低額家賃のままとした。その結果、隣接して建っている同和向け公営住宅と改良住宅の各家賃額がそれまではほとんど同じであったにもかかわらず、法的根拠の違いにより異なってしまうという不合理が発生することになった。

七　家賃債務不存在確認訴訟の提起と一審判決

住民たちは、一九九九年一一月、西宮市を被告として、従前賃料を超える賃料債務の不存在確認を求める訴訟を神戸地方裁判所尼崎支部に提起した。

住民たちは、新条例による家賃変更は違法であると主張し、その理由として、①新住改法は改良住宅の家賃について新公住法の応能応益家賃制度を採用していない、②旧公住法一二条の法定限度額を超えている、③旧公住法一三条の家賃変更要件を具備していない、④憲法一四条の平等権及び二五条の生存権を侵害する等多岐にわたって主張・立証を展開した。

二〇〇四年五月に言い渡された一審判決は、西宮市の改良住宅のうち、同和対策のための改良住宅に適用された家賃制度は、入居者の収入によってただちに家賃額が決まるというものではないから、新公住法の応能応益家賃制度ではないとしたが、震災復興目的の改良住宅については、法定限度額の範囲内における応能応益家賃制度であるとしたうえ、次のように判示した。

「新住改法が家賃の決定方法につき新公住法を準用せずに、旧公住法を準用することにしたのは、改良住宅において、法定限度額の範囲内であっても、応能応益家賃制度を採用することを地方公共団体の合理的裁量の範囲から除外したと解するのが相当である。したがって、震災復興のための改良住宅の家賃について定めた新条例は、法律により委任された地方公共団体の合理的な裁量の範囲を逸脱した違法・

無効な措置である。」

次に、同和対策のための改良住宅については、旧条例の定める変更事由のうち、①物価の変動については、前回の一九八七年の家賃改定から物価が上昇し、改良住宅の管理経費の増加していることからすると、変更事由があるといえるが、今回の大幅な増額を根拠付けるだけの事情とはならない、②公営住宅相互間の家賃の均衡については、震災復興目的の改良住宅の家賃に応能応益家賃制度を採用することが違法・無効であることから、これとの均衡を考慮して家賃額を決定することは許されないとした。今回の増額割合は、家賃変更事由との関係で、改定額が著しく不相当であるとして、西宮市の裁量権の範囲を逸脱する違法・無効なものであると判示した。

一審判決は、以上のように述べて改良住宅の家賃値上げを認めず、原告住民ら勝訴の判決を下したのである。

同和住宅への応能応益家賃制度の導入による家賃値上げ問題については、西宮市だけでなく、全国の各地で住民と自治体との間で紛争となり、裁判になった。

神戸地方裁判所は、神戸市による応能応益家賃制度による値上げを違法・無効と判示した。神戸市における改良住宅の家賃制度は、限度額の範囲内で、入居者からの収入申告に基づき、入居者の収入、立地条件、規模、築年数その他の事項に応じて定められる。神戸市は、この応能応益家賃制度に基づく家賃を認めず従前家賃を供託していた住民に対し、家賃請求のみならず、契約を解除して明け渡し請求まで行ってきた。住民側は、従前家賃額を超える家賃債務がないことの確認を求め、神戸地裁に提訴し、神戸市も住民を被告に住宅明け渡しを求めて提訴してきた。神戸地裁は、新住改法は改良住宅の家賃の算定方式として応能応益家賃制度を採用することを許していないと解するのが相当であると判示して、住民側の請求を認容し、神戸市の請求をすべて棄却した。

これに対し、奈良県橿原市、大阪府八尾市、寝屋川市、兵庫県尼崎市、広島市などにおける裁判において、各地の地裁又は地裁支部は、改良住宅についても法定限度額の範囲内であれば応能応益家賃制度を採用することができるとして、行政側の請求を認容した。

このように、地裁レベルでは、改良住宅について応能応益家賃制度を採用することができるかどうかについては、判断が分かれていた。

八　控訴審における住民逆転敗訴

西宮市は、大阪高等裁判所に控訴した。大阪高裁は、二〇〇五年一一月、一審判決を取り消し、住民側を逆転敗訴とする判決を下した。判決は、新住改法二九条三項が準用する旧公住法一二条は、法定限度額の範囲内において地方自治体が広範な裁量によって改良住宅の家賃を設定することを許容していると解されるから、応能応益家賃制度を導入すること自体は家賃の上限が法定限度額の範囲にとどまる限り、新住改法の規定に違反するものではないと判示し、西宮市の新条例による改良住宅への応能応益家賃制度を有効とし、家賃変更事由についても、①物価の変動に伴い家賃を変更する必要があり、②公営住宅相互間における家賃の均衡には、公営住宅・改良住宅相互間における家賃の均衡も含まれると解して、変更事由の存在を認め、行政裁量の逸脱もないとした。住民側は最高裁判所へ上告したが、二〇〇六年八月、上告は棄却され住民敗訴が確定した。西宮市以外の家賃裁判においても、高等裁判所段階でことごとく住民側が敗訴した。

こうして、住民は法的にも応能応益的家賃制度に基づく家賃額に応じざるをえなくなった。住民は、応能応益的家賃制度に基づく家賃を支払うため、二〇〇六年一一月までに収入申告をかねた家賃額の決定申請を行った。西宮市はこれを受けて、住民らの月額家賃を決定したことから、住民は同年一二月分から、西宮市の決定した家賃額を支払い始めた。

九　同和住宅の明け渡し訴訟

次の問題は二〇〇六年一一月以前の過去分の家賃をどうするかであった。住民のうち、もっとも早い人は一九九八年一月から従前家賃を供託していた。最高裁で家賃額が確定したのが二〇〇六年八月であるから、実に八年半以上も供託を続けていたことになる。しかも、最高裁決定によって確定したのは、西宮市が裁判上請求していた二〇〇三年八月分までの家賃額であるが、その後も係争中であったため、同年九月以降の分についても、住民側は従前家賃を供託しており、西宮市の請求していた家賃最高額との差額が何年間にもわたって発生していた。その差額の合計額はもっとも多い人で三〇〇万円を超えるほどになっていた。

西宮市は、二〇〇六年一〇月から一一月にかけて、住民のしていた供託金の払い渡しを受けた上、一九九八年一月分から二〇〇六年一一月分までの家賃額から供託金払渡額を控除した残額について、一括払いを請求してきた。住民たちにとっては、到底支払えるような金額ではなかった。

そこで、住民側は、西宮市住宅局に赴き、①一九九八年一月以降の家賃について実際の収入を認定して適正な家賃額を算定すること、仮に最高裁で確定した賃料額の変更が無理であれば、確定していない二〇〇三年九月分以降の賃料額について実際の収入に基づいて適正な家賃額を算定すること、②算定し直した適正家賃額から供託払渡額を控除した残額について長期分割での返済を承諾すること、③遅延損害金は付さないことを求めた。

住民の中には、家賃額の決定申請を行っていれば、非常に低額の家賃で済んでいた者もいた。たとえば、ある住民は西宮市の求める収入申告を行えば、本来七〇〇〇円の家賃額であったところを、西宮市の応能応益的家賃制度に反対して収入申告をしていなかったため、最高額の認定をうけて三万六〇〇〇円の賃料となっていた。

しかし、西宮市は住民の要望に応じず、かえって、一括払いをしなければ賃貸借契約を解除する旨の催告書を住民に送りつけてきた。

住民らは、二〇〇七年三月、家賃債務の分割弁済協定を求めて、西宮簡易裁判所へ調停を申し立てた。調停の席において、西宮市は、過去にさかのぼっての収入認定はしない、分割返済についても「西宮市市営住宅等滞納家賃等処理要綱」に基づいて三年分割が限度であるとして、長期分割を求める住民側の要望を拒んできた。仮に二〇〇万円の滞納額があれば、三年間で返済しようとすれば一カ月当たり約五万五六〇〇円の支払いとなる。新たな家賃の支払に加えて、このような高額の支払をすることは到底できないものであった。ところが、他方で、西宮市は、生活保護世帯における滞納家賃につき一〇〇回を超える長期分割を認めているケースもあった。

調停期日は三回に及び、住民は、その経済状況からみて実現可能で、妥当な解決を図ることを西宮市に求め続けた。しかし、西宮市は一〇〇回以上の長期分割を認めるケースがあるにもかかわらず、法的拘束力のない要綱に固執し続け、家賃を支払って居住したいという住民の願いをはねつけた。

一〇 住宅の明け渡し訴訟

西宮市は、二〇〇八年七月、住民らに対し、高額の滞納額を納付期限までに一括で支払わなければ賃貸借契約を解除することを通知するとともに、解除後に住宅を明け渡さなければ訴訟手続を取ることを通知してきた。住民らが西宮市の請求する金額を一括で支払うことはできなかったことから、西宮市は同年一一月から一二月にかけて住宅の明け渡し訴訟を提起してきた。

裁判において、住民は、①改良住宅は部落差別撤廃のために建設された住宅であるが、いまだに差別解消にほど遠い現実があること、②応能応益家賃制度を改良住宅に適用することは住宅の目的や建設経緯等から合理的であるとはいえないこと、③住民らが家賃を供託してきたこと、④家賃裁判の確定後には滞納家賃の適正かつ合理的な支払方法を求めてきたこと、⑤西宮市が要綱の三年間に固執して不誠実にも住民との協議に応じなかったことなどを指摘し、いまだ改良住宅の賃貸借契約を解除できるほど信頼関係は破壊されていないとして、契約解除の効力を争っている。また、国際人権法などからみた居住権の保障の観点からみても、西宮市の住宅明け渡し請求は権利の濫用にあたり許されないと主張している。

二〇一一年一一月、一審判決が西宮市の請求を認容したため、住民は控訴し、闘いを続けている。

二　他の自治体ではどのように解決されているか

西宮市以外の自治体では、いずれも最高裁で応能応益家賃制度が容認された後、住民との協議などによって、過去の家賃の決定方法と支払方法が合意され、住民たちは引き続いて同和住宅に住み続けている。

神戸市は、住民ら全員について、判決により確定した分以降の家賃について、さかのぼって収入を認定し直して、家賃額を再決定している。過去の滞納分については、支払能力に応じて毎月五〇〇〇円から一万円程を分納することを認めている。たとえば二〇〇万円の滞納者であれば、分割回数にすると二〇〇回から四〇〇回、一六年から三三年の分割をみとめたことになる。また、家賃裁判と同時に提起されていた住宅明け渡し請求については、高裁判決において、改良住宅が代替住居であることや住改法が同和対策立法であること等の事情から、信頼関係が破壊されるに至らない特段の事情があるとして、賃貸借契約の解除を認めなかった。

奈良市は、住民が申し立てた奈良簡易裁判所での調停において、家賃裁判で確定した家賃額の支払方法は住民と市との間で個別に協議して定め、その具体的方法については住民の生活状況に配慮した社会的相当性の範囲内での分割弁済の方法によることで合意に達した。その後、奈良市は、各住民の支払能力に応じ、ほとんどのケースで現在の家賃額に数百円を上乗せすることで解決している。その結果、もっとも長い場合には一〇〇年の分納を認めている。

奈良県橿原市においても、各住民の支払能力に応じた分納を認めている。

大阪府寝屋川市は、過去にさかのぼって住民からの収入申告を受け付けて家賃額を算出し、それをもとに減免制度を適用するなどしている。過去分の滞納額については、住民側と市との間で現在も協議中である。

広島市は、改良住宅の明け渡し訴訟について、広島高裁が従前家賃額を供託している住民については、家賃額が確定すればこれを誠実に履行する意思があるものと認め、信頼関係が破綻しておらず、改良住宅の使用取消は権利の濫用にあたり許されないとしたものの、供託の懈怠のあった一部の住民については使用取消（契約解除）を認め、これが最高裁で確定した。しかし、住民らのねばり強い運動により、明け渡し執行を実施しないで過去の滞納家賃額の支払方法を含めて話し合いで解決していくことで合意し、住民らは同和住宅での居住を確保している。

このように、各地において、同和住宅の建設経緯等を踏まえて、同和住宅での居住を保障するために、自治体と住民との間で社会常識に従った解決が模索されている。

西宮市は、住民の居住を保障するために妥当な解決方法を見出すべきであるし、裁判所は、住民の居住を保障する観点から西宮市による住宅明け渡し請求を許さないための適正な判断が求められている。

さいごに——部落という地域社会での居住の保障を

一九九六年の公住法改正の目的として、高齢者、障害者など真に住宅に困窮している低額所得者世帯に対する居住の確保があげられている。たしかに、公営住宅への入居希望者が増大し、公営住宅の空き家待ちが一〇～四〇倍になり、抽選になかなか当たらないという現実がある。しかし、そのような事態は、そもそも公営住宅が不足しているために生じているのであるから、公営住宅のさらなる建設によって解決していくべきものである。国のいう目的は一見合理的に見えるが、実は、高・中所得者層の世帯を公営住宅から立ち退かせ、持ち家ないし民間賃貸住宅へ移行させていくことにしたのである。それが進んでいけば、地域社会の活動の中心を担うような働き盛りの青年がいる世帯はどんどん公営住宅から排除されていき、社会的・経済的弱者のみが集まるようないびつなコミュニティが形成されてしまうことになりはしないか。子どもから老人まで老若男女の各世代が共生する本来の地域社会から大きくかけ離れたものとなることが危惧される。このような住宅政策は直ちに転換されるべきである。

西宮市の改良住宅は、部落差別をなくすために、住民たちが土地・建物を提供して建設された。改良住宅に長年住んで互いに交流を深めてきた住民たちを地域社会から追い出してバラバラにするものではなかったはずである。部落差別は今なお存在し、芦原地区に居住する住民たちの社会的・経済的地位の格差が解消されたわけではない。同和住宅は、住民たちが部落という地域社会で安心して住み続けられる居住を保障するものとして、もう一度位置づけ直されるべきである。

（弁護士）

同和住宅家賃値上げ反対運動の取り組みとその果たす役割

大橋昌広

一九九八年、公営住宅法の改正（施行）によって公営住宅に応能応益制度が導入され、大幅な家賃値上げが行われた。

公営住宅の家賃は、それまでの一律定額家賃制度に代わって、民間賃貸住宅家賃を基準にして、収入が上がれば上がるほど高い家賃が課せられることになった。部落差別撤廃を目的として建設された同和住宅にも、応能応益家賃制度が導入され大幅な値上げが強行された。例えば、奈良市F地区では、一万円余りだった家賃が最高で一〇万円を超え、大阪府寝屋川市K地区では一七倍もの値上げとなった。このような大幅な家賃値上げが全国の同和住宅で行われた。

同和住宅家賃値上げ反対全国連絡協議会（以下、同住連）は、一九九八年五月、応能応益家賃制度を撤廃させることを目的に結成され、裁判闘争をはじめ様々な運動にとりくんできた。それは今日も続いている。

本稿では、応能応益家賃制度を批判し、同住連の取り組みとその果たしてきた役割と今後の展望について述べたい。

I　同和住宅は、なぜ、どのようにして建設されたか

一　同和住宅建設前の地域の様子

同和住宅は、被差別地域の住環境を改善することを通して部落差別を撤廃することを目的に建てられた公的住宅である。一九六一年頃から関西を中心に全国で建設が開始され、そのピークは、一九七〇年から八〇年の一〇年間であった。今日までに、全国で一四万戸が建設されたと言われている。

同和住宅建設にいたるまでには、部落解放同盟を中心に全国で様々なたたかいがとりくまれてきた。差別からの解放を願う地域住民の、生活にかかわる具体的な要求は、就労や教育、医療の保障など様々なものがあったが、とりわけ住宅の建設は命にかかわる切実な要求であった。それは住宅建設以前の地域の様子を見れば明らかとなる。一例として、大阪府N地区の住宅建設前の様子を、同住連の裁判資料より紹介する。多少の違いはあれ、どの地域もこのようなものであった。

「N地区周辺は、昭和五〇年頃までは、見渡す限りのたんぼでした。地区全体は、三本の川に囲まれ

ており、全体が、周辺の田んぼより、低くなっていました。三本の川はいずれも、細いドブのような川で、全然整備されていませんでした。二、三日も雨が降り続けば、川からあふれ出た水と、周囲の田んぼからの水が、この地域をめがけて、どっと流れ込み、一帯は水浸しになってしまっていました。こんなことが、一年に、何回となくありました。

そのうえ、地区内は、排水路や上下水道なども全く整備されていませんでした。下水道は、昭和一〇年に、融和事業でつくられた下水道が、一本だけありましたが、何の役にもたっていませんでした。溝は、常に、汚水があふれ、よどんで悪臭をはなっていました。地域全体が、ジメジメと湿気をおびていました。トイレは、みんな共同トイレでした。共同トイレといっても、上の建物は、バラックか、ほったて小屋のような、本当に粗末なものでした。便槽も、ほとんどは、土をほっただけの、野つぼ同然のものでした。だから、雨が降ると、トイレは水びたしになっていました。そして、大雨になって、地域一帯が水浸しになるたびに、トイレからは汚物があふれ、それが、井戸の近辺の土にしみこんだり、家の床下にまで、流れこんでいっていたのです。こうした共同トイレを、五世帯も一〇世帯も一緒に、使っていたのです。

排水路も下水道もないなかで、共同トイレ―共同井戸が、この地区で発生する伝染病の、もっとも危険な、伝染経路になっていました。

こうした地区内とは正反対に、周辺の集落や田んぼは、上下水道、排水路も、見事に整備されていました。排水路も、上下水道も、地区の入り口でピタリと止まってしまいました。

N地区住民の平均寿命はものすごく短かく、一九六一（昭和三六）年の平均死亡年齢は、三七・五歳で、一般地域のおよそ半分でした。その年の乳児死亡率は二一・一％で、全国平均の三倍でした。池田内閣が発足し、国会で所得倍増計画が決定された頃の、地区住民の平均死亡年齢は、四〇歳以下だったのです。

その最大の原因は、差別行政がうみだした地域全体を覆う、劣悪きわまりない住環境にありました。さらに、差別と貧困からくる栄養状態の悪さです。こうした結果、明治以降、地区内には、コレラや赤痢などの伝染病が、しょっちゅう、大発生していました。(中略)市は『伝染病は地域内に閉じこめる』『あそこには近づくな。病気がうつる』と、地区住民を切りすてる方針をとり続けてきました。その結果、地区住民の平均死亡年齢は、戦前期には二三・七歳、戦後期には三七・五歳でした。おどろくほど、寿命が短かったのです。」

「部落差別が貧困や病気、もっというと死と密接に結びついていた。わずか三〇年余り前の日本社会が抱えていた現実である」(角岡伸彦『とことん！部落問題』講談社、二〇〇九年)。「安心して住める住宅」の建設は、被差別地域の住民にとって、命のかかった、生活の土台をなす切実な要求であった。

二　同和住宅の建設について

同和住宅建設にいたるまで

一九五一年のオールロマンス事件と西川県議差別事件への糾弾闘争を契機として、部落解放同盟による全国的な規模での差別行政糾弾闘争が取り組まれた。一九六一年の国策樹立大行進（福岡〜東京、長野〜東京）を頂点としたこのたたかいは、総務庁占拠闘争などにみられるように、文字どおり国家権力の中枢に対する実力糾弾闘争を含むものであった。同和住宅はこうした激しい糾弾闘争の末、建てられたのである。

住民運動の力におされるかたちで、政府は、地域の住環境の改善と同和住宅建設に本格的に着手しはじめた。それは、現に住んでいる地域住民を立ち退かせてそこにブルドーザーをかけて整地してインフラ整備を行い、その上に住宅を建設する、スクラップアンドビルドと言われる方法がとられた。それを可能とする法的根拠は、住宅地区改良法と同和対策特別措置法であった。同法によれば、地域住民は、住んでいる住宅が不良住宅と認定されれば、その土地と建物をタダ同然で差し出さねばならなかった。

代々引きついできた土地や家、あるいは借金に借金を重ね、体を痛めるまで働き、ようやく手に入れた、現に今住んでいる家をタダ同然で提供することは、住民にとっては決して容易なことではなかった。地域住民は、どのような思いで、代々受けついできた土地や家をタダ同然で、市に提供することを決断をするにいたったのか。応能応益家賃制度による値上げに反対して家賃を供託し、裁判をたたかったN地区の住宅組合会長（当時）のMさんの陳述書には、以下のように書かれている。

「昭和三八年、私が二四歳の時、結婚し、妻の実家の敷地内にある小さな家で暮らしはじめました。それから一年くらいたった頃に、義父から家の立ち退きについて相談をうけました。（義父と）ここでいっしょに暮らしはじめてから、家に役所が来たりしているのを見ていましたし、『ここに川ができるから、いつかは立ち退かなければならない』というウワサや話しは聞いていました。『いよいよ、本当に、立ち退かなければならないのか』と思い、義父の話を聞きました。義父の話は次のようなものでした。

立ち退かなければならなかったのは、私の家の西側に建ち並んでいた一二戸でした。立ち退きの理由は、（わずかの雨で氾濫していた）家のすぐ北の川を拡幅するためでした。

（中略）

昭和三五年に、大きな差別事件がありましました。……これを契機に地域の解放運動が大きくもりあがり、集会やデモ、役所との徹夜の交渉などが行われました。そうした住民の声におされて、それまで何十年と地区住民の生活も命も完全に放置してきた市もようやく重い腰をあげて、下水溝・排水溝の設置や河川改修、住宅の建設をやりはじめました。

立ち退きの話しあいは、三五年ころからおよそ数年間くらいかかったそうです。義父のところにも、役所の人間が何度も何度も話しに来ていました。最後は大橋市長がきていました。市長は、土地や家の所有者のところを一軒一軒、説得してまわっていました。

義父は、自分の家だけでなく（義父が貸している）長屋に住んでいる住人や土地を貸している人の生活、そして私たち夫妻のこともあって、ずいぶんと悩んだようです。しかし、最終的にはこれで地区全体がよくなるのならばと、自分の健康も家族も犠牲にし借金を重ねてようやく手に入れた一財産を手放すことを決断しました。そして、長屋の住人や私たち夫婦に立ち退きの話しをしました。義父の所以外の六軒の住民の中には、条件が折り合わず、私たちが立ち退いた後も、一～二年くらい、そこに住み続けていた人達もいました。しかし、義父は、条件が折り合わないからといつまでも引っ張っていたら長屋の人達にも迷惑をかけると思ったこと、なによりも地域住民全体の命に関わるこの事業を、これ以上遅らせることはできないという思いから、早い段階で立ち退きに合意したと聞いています。

立ち退きに際して市がいってきた条件は次の内容でした。市に土地や家屋を売ってお金をもらうか、お金はいっさいもらわずに団地に入居するか、二つにひとつでした。土地の、正確な買収金額ははっきりとは覚えていませんが、ものすごく安く、引っ越し費用分くらいでした。引っ越し費用を払ったら新しく借りるアパートの敷金は払えない、アパートの敷金を払ったら引っ越し費用は払えない、そういう金額でした。

団地に入居するなら、お金は、一円ももらえない。家賃は九〇〇円で、将来、値上げは絶対にしない。内装、畳替えは三年に一度必ずやるということでした。家賃のことで義父や他の住人が市と話しをしたとき、市は『家賃はタダでもいい』とまで言ったそうです。『タダではこちらが納得いかない、管理費くらいは自分で払う』ということで九〇〇円ということで折り合ったと聞いています。それで、家を明け渡して団地に入居することに納得しました。そのことは今でもはっきりと覚えています。」

地域の住民は「地域住民の命を守るために」「差別をなくするために」と、代々引きついできた家や土地を手放すことを決断したのである。同和住宅の建てられた経過と、地域住民の生活実態に照らして、住宅家賃は一律低額に設定されてきたのである。

同和住宅建設にこめた国のおもわく――同和対策事業の本質について

同和住宅の建設にこめた国の狙いを見ていきたい。

一九六〇年に同和対策審議会が設置され、一九六五年に出された同対審答申に基づき一九六九年に同和対策特別措置法が制定された。同法に基づき翌年から同和対策事業が開始されることとなった。

同和対策事業が検討されはじめた時期は、労働運動に対する国の政策が転換した時期とぴったりと重なっている。一九六〇年、高度経済長を背景に、当時の池田勇人政権は、労働運動に対しては、それを懐柔、買収することを通して解体していく政策を取りはじめた。政府のスローガンは「寛容と忍耐」であった。同和対策事業にこめた政府の思惑は、オールロマンス事件糾弾闘争やその翌年の西川県議糾弾闘争を契機に爆発しはじめた差別糾弾闘争を取り込み、懐柔し、買収することによって、それを解体することであった。労働運動に対してなされた政策が部落解放運動でも行われたのである。

同和対策事業の本質のひとつが、部落解放運動に対する買収、解体の政策であったことは、予算の配分を見ればよりいっそう明らかとなる。総額一四兆円といわれる同和対策事業の大半は、何億円という莫大な予算が投入される巨大なプロジェクトである被差別地域の住環境改善に投入された。それに比べれば、高校奨学金をはじめとする学力保障や就労保障に投入された事業費などは微々たるものであった。広大な地域全体をスクラップしインフラ整備をほどこし、地域全体をまるごと作りかえる巨大事業には、用地の買収、業者の選定等々をめぐって膨大な利権がからんでくる。政府はこうした事業を行うなかで、新たな部落ボスを育成しようとしたし、またその過程で、部落解放同盟の幹部の利権的腐敗も生みだされていった。

二〇〇六年に起こった「飛鳥会事件」で逮捕された故小西邦彦飛鳥会支部長もそのひとりである。

小西支部長は、一九六八年、消滅寸前の部落解放同盟飛鳥支部を再建し支部長に就任、部落大衆をひきいて翌年のパール温泉焼失事件糾弾闘争をはじめ、市への激しい糾弾闘争をたたかい、地域内に保育所や住宅を建てさせた。大阪市は、この過程で、小西氏を様々な手段をつかって懐柔、買収し、新たな融和ボスとして育成してきた。地元などでの事業をめぐるトラブルの処理や、既存の運動を超えて燃え上がろうとする大衆運動をおさえつけるために、大阪市は小西氏を買収しつつ利用し、小西氏もまた、その過程で市の幹部や大手銀行との太いパイプを築きあげ、三〇年以上にわたって飛鳥地区に君臨してきた。これは、飛鳥支部や小西氏にかぎったことではない。

「飛鳥会事件」とは、小西氏が理事長を務める財団法人・飛鳥会（一九七一年設立）が大阪市より委託を受けていた駐車場収入を過少申告し、その過程で小西氏が、判明しているだけでも六億円を着服したとして、業務上横領の罪で逮捕された事件である。それは、市の買収政策がつくりだした、市と小西氏との長年の癒着によって生みだされた解放運動の闇とも言うべき腐敗の極みである。大阪市も一方の当事者であったことは否めない。

ところが、大阪市は、二〇〇七年二月、「飛鳥会事件」を理由として、同和予算を大幅に削減し、被差別地域内にある青少年会館などに配置していた市の職員をひきあげ、またそのほかの施設の管理・運営事業についてはこれを打ち切ると表明した。

これが示すことは、わずかばかりの同和対策事業によって新たな融和ボスを育成し、差別糾弾の本格的な爆発を食いとめるという、それまでの部落政策をやめて、部落解放運動そのものを〝悪〟とし、それをみじんたりとも許さないという支配に転換したということである。飛鳥会問題の後、奈良市や八尾市で行われた運動団体幹部の逮捕と、それにまつわる「同和＝悪」論の一大キャンペーンをみれば、それはよりいっそう明らかとなる。

同和住宅家賃値上げは、飛鳥会事件より数年前に強行されたが、その狙いは、同和住宅そのものを解体し、地域を中心に結束し運動をしてきた部落解放運動そのものを根絶やしにすることが狙いであった。同住連に結集する住民は、こうした行政に対して「部落に住み続ける権利」を求め、部落差別への国家責任を追求し、たちあがった。以下、同住連の今日までの取り組みについて見ていきたい。

II 応能応益家賃制度と、同和住宅家賃値上げ

同住連は、応能応益家賃制度に反対し、全国で一八地域、約一〇〇〇名の住民によって結成され、福岡県、山口県、広島県、兵庫県、大阪府、奈良県下の一五地区で家賃を供託し、市を相手に一一年にわたる裁判をたたかってきた。

二〇〇九年、山口市のS地区が最高裁からの判決をうけたことで、全ての地区で判決が確定した。判決は家賃支払い請求についてはすべて住民が敗訴したが、後に詳述するように、市が住宅の明け渡しを求めた裁判では、一部で市が勝訴した地区もあるが、ほぼすべてのところで住民の勝訴が確定した。西宮市芦原地区をはじめとして、住民の運動は、今日も続いている。

一　応能応益家賃制度の実態

応能応益家賃制度とは、家族全員の収入を合算して二五万九〇〇〇円を超えると「高額所得者」とされ、家賃は「近傍同種家賃」と名付けられた、近隣の同種の民間住宅家賃をはるかに上回る家賃が課せられ、同収入が一五万六〇〇〇円以上あれば入居することもできず、入居後にそれを超えると、近傍同種家賃を基準に、年々家賃があげられるという制度である。

二〇〇四年に作成された同住連の住宅裁判資料から、応能応益家賃の実態を見ていきたい。大阪府K地区の同和向け公営住宅は、築三四年（二〇〇四年当時）、鉄筋コンクリートづくりで、広さは三九平米、風呂もシャワーも給湯施設もない。間取りは、二畳の板張りのキッチン、四畳半の和室が一つ、六畳の和室が二つある。台所のプロパンガスは老朽化のため使用不可能。天井には一面に汚れが浮き出ており、敷居や柱がゆがんでいるためふすまがきちんと閉まらない。ベランダは傾き、コンクリートが打たれてないため水の使用は不可能。共有スペースの階段には手すりがない。このような住宅が市場で通用するはずもない、にもかかわらず、この住宅の近傍同種家賃は三万四一〇〇円（二〇〇四年時点）であった。この住宅の近隣の民間アパートの家賃額を調査したところ、ほぼ同様の広さ、築年数の住宅家賃は一万八〇〇〇円であり、同和向け公営住宅家賃の方が民間のアパートやマンションよりも一万六〇〇〇円も高く設定されていたことが明らかとなった（同住連市裁判、住民側提出書証より）。

このような結果になるのは、いわば必然である。応能応益家賃制度の下では、公営住宅家賃は、民間賃貸住宅家賃設定の評価基準のひとつである不動産鑑定評価基準の積算法を用いて設定することとなっている。それによると、複成価格とよばれる対象不動産の現在価値に期待利回りをかけ、そこに償却費や修繕費、税金、空家賃引当金などの諸経費を加えて家賃を設定するのである。ところで、民間住宅は評価基準の積算法で家賃を算出した後、市場原理にさらされ最終的にはそこで家賃額が決められていくが、公営住宅はそうした市場原理が働かない。「そもそも公営住宅であることからすれば、公課・空家賃引当金・過大な運用利回りは、近傍同種家賃の要素とされるべきではない。市場原理の働かない公営住宅の家賃を、それが働く民間住宅と同一の計算式に拠って算出しようとするのは決定的に誤っている。このような計算式では、必ずや社会的事実としての近傍同種家賃よりは絶対に高い、すなわち市場価格としては絶対に通用しない賃料しか帰結されない」のである（同住連・対寝屋川市住宅裁判、二〇〇四年五月二四日付、大阪高裁提出、住民側準備書面から引用）。

家族全員の収入を合算して月二五万円なにがしかの収入のある人にとっては、公営住宅で近傍同種家賃を払うのなら、近隣の民間アパートを借りた方が、はるかに安く、条件のいい住まいを確保することができる。少しでも余力のある住民が次々と公営住宅を出て行ったのは必然であった。応能応益家賃制度はそういう制度である。

「法制定以来抜本的と呼ばれる大幅な改正」（住本靖（建設省（当時）住宅局住宅総務課）『新公営住宅法逐条解説』三頁）といわれるこの法改正は、その前年の一九九五年、建設大臣の諮問機関である住宅宅地審議会の答申に沿って行われた。答申では、国、地方公共団体がそれまで行ってきた公的住宅を直接に提供することを中心とした「公的住宅中心」の住宅政策を改め、市場原理に力点を移すべきという提言がなされた。「公的住宅中心」と言われた住宅政策の下でもわずか五％にも満たなかった公営住宅は、「市場原理」を中心に据えた政策の下で、限りなくゼロにむかって縮小、削減されていくことになった。

今回の法改正の最も大きな特徴は、公営住宅の管理運営の核心部分に市場原理そのものを導入したことと、借り上げ公営住宅の制度の導入である。公営住宅法の改正によって、公営住宅で暮らしている住民は、世帯収入が二五万九〇〇〇円を超えたこと、契約期間が切れたこと、滞納、建て替え、取り壊しなど、様々な理由で、次々と追い出されることになった。法は、その建前においてさえ、「住民が安心して住み続ける権利がある」ことを否定したと言わねばならない。この国は、「居住保障をしない国家」と言われている（本書早川和男論文、岡本祥浩論文参照）が、国は明示のかたちで、居住保障という国家責務を投げ出したのである。

二　公営住宅の現状――応能応益家賃制度がつくりだした事態

新公住法は、施行される前から「住宅からの追い出しが増える」「住民の居住権が奪われる」「団地はお年寄りと社会的弱者ばかりとなってしまう」という住民の不安や批判の声があげられており、マスコミも「公住法改正で（公営住宅は）『福祉住宅』『救貧住宅』となり問題が深刻化する」と指摘していた（『朝日新聞』一九九九年一二月二〇日）。

神戸大学名誉教授、居住福祉学会会長の早川和男氏は、「新公住法は、公営住宅法の立法精神と根本的理念を踏みにじるものであり、ノーマライゼーションの理念に反するものである。（公営住宅の使命は）安居（居住福祉）が実現することで、人生を開花させる出発点としなければならない。そうでなければ、公営住宅居住者は最低生活水準に押し込められ、ゲットー暮らしに止められることになる。それは住宅政策の本義から外れている」と喝破した（「意見書　早川和男」一二頁、二〇〇四年、同住連のすべての訴訟で裁判所に提出）。

政府は、そうした批判には耳をかそうともせず、障がい者やお年寄りが住めるような公営住宅がほとんど存在していないにもかかわらず、「高い収入の入居者が居座っているから、低額所得者や『障がい者』や高齢者がいつまでもたっても入居できない」「高い民間家賃を払っている人達との真の公平をはかる」と言って公営住宅法の改正を正当化しようとした。

公営住宅は建設当初から、右肩上がりの経済成長を前提とし、持ち家政策を補完するものとして、収入の少ない若い世代がお金を貯めて家を建てるまでの仮住まいとして建設されてきた。その結果、トイレもキッチンも極端に狭く、今でもトイレは和式のまま放置されていているところも少なくない。共有スペースである廊下も階段も狭く、階段は傾斜が急で、手すりさえつけられていないところもある。そのままでは、車いすが必要なお年寄りや障がい者が暮らすことなどおよそ不可能なものである。

また、公営住宅の総戸数は二〇九万戸で、日本の全住宅の五％にも満たないという状況であり（二〇〇四年時点。現在はもっと低くなっている）、その結果、公営住宅の応募倍率は、二〇〇五年時点で全国平均九・九倍、東京都では三二・一倍であった。

長期不況下でとりわけ非正規労働者の急増などの実害が顕著にたちあらわれていた当時の経済・社会状況をみれば、その後公営住宅の応募倍率が増加することは容易に推測できたはずである。実際に、その後の一〇年で、応募倍率は、大阪府では八・一倍から二四・七倍に、東京都では、一一倍から三三倍となった。二〇一〇年一二月現在の豊中市の府営住宅の応募倍率は実に五五倍であった（表を参照）。上記の応募倍率には、応募倍率の高さを前に最初からあきらめて応募していない人についてはカウントされない。それを加えると

大阪府営住宅応募状況推移

	大阪全体			豊中市内		
募集年月	募集戸数	応募者数	倍率	募集戸数	応募者数	倍率
2008年5月	3,316	26,984	8.1	52	1,232	23.7
11月	2,677	26,047	9.7	68	1,385	20.4
2009年5月	1,852	21,242	11.5	30	947	31.6
9月	1,353	20,277	15	37	1,145	30.9
2010年6月	1,013	19,538	19.3	25	952	38.1
12月	624	15,400	24.7	14	782	55.9

インターネット『府政だより』第113号より引用

倍率はもっと高くなる。

これの本質的な解決は公営住宅を増加する以外にないことは明白である。

新公住法が実施されて一〇年あまりたった今日、公営住宅は多くの住民が不安をいだき、マスコミなどが批判していたとおりに変貌していった。

二〇一〇年一一月、東京都新宿区にある都営戸山団地（二三二二戸）の様子を、マスコミは次のように報じている（『朝日新聞』二〇一〇年一一月二八日）。

「東京・新宿にあるマンモス団地都営戸山団地。団地では六五歳以上の入居者が五割を超え、『限界団地』と呼ばれる。……〇四年冬、入居五年目で自治会役員だったHさん（七二）は、初めて孤独死の現場に立ち会った。七十代の男性で、死後二カ月余りたっていた。戸山団地では一年に一〇人近くが孤独死をしていると知り、『この団地はどんなところなのか』と衝撃を受けた。〇七年にNPO法人を立ち上げ、孤独死を防ぐ活動を始めた。

二七年前から住み、Hさんを応援するKさん（六八）はため息をついた。『以前は入居者の年齢層もいろいろだったのに、いまは高齢者の収容施設のようだ』（中略）公営住宅で高齢化が極端に進んだ背景には、（公営住宅の）総戸数が足りないため、国が収入基準で入居者を絞り込んできたことがある。

名古屋市営団地に住むKさんは『（入居対象者）を絞り込むたびに子育て世代が収入超過で追い出され、高齢化が進んだ。いわば国策でつくられた超高齢化社会です。一〇年後にコミュニティが限界になるのでは……』と懸念した」


全国の公営住宅で、ほぼ同じようなことがおこっている。二〇一一年現在、公営住宅の入居名義人のうち六五歳以上の占める割合は、東京都や近畿圏など一〇自治体で五割を超えた。東京都が最も高く五八%、大阪市、川崎市が五六%、横浜市、神戸市が五五%。逆に、入居名義人が三九歳以下の割合は、川崎市で五%、東京都と大阪市は七%と一割にも満たない。今後、高齢者の占める割合はますます高くなり、若い世代の占める割合が低下していくことは容易に推測できる。

このようななかで、公営住宅での孤独死も年々、大幅に増加している。国土交通省が、〇四年〜〇六年度にかけて公営住宅での孤独死を調査したところ、〇四年度は七七七人、〇五年度は九六二人、〇六年度は一一四八人であった。

このような公営住宅での人々の暮らしとはどのようなものだろうか。自治会活動さえも乏しく、誰からも救いの手の届かない殺伐とした生活環境、公共スペースは荒れるにまかされている。身体の衰えとともに迫ってくる身体や命への不安、何らかの事情で少しでも家賃滞納をしていればいつ追い出されるかわからない恐怖、癒されることのない孤独感。この中で、権利意識がむしばまれ、住民自治が破壊されていく。

これが「安居が実現することで、人生を開花させる出発点」と言えるだろうか。

現在、政府は、公営住宅の削減を公然と言い始めている。全国一六府県四市で公営住宅を減らす方針を掲げている。その中には阪神大震災の復興渦中にある神戸市や、二〇一〇年夏に「府営住宅半減構想」を打ち上げた大阪府もはいっている。削減の理由は、需要の縮小と財政難と答えている。

こうして見てくると公営住宅法の改正の狙いが明らかとなってくる。政府は公営住宅を極限的に縮小するために、一〇年余りをかけて、公営住宅から働き盛りの世帯を追い出して限界団地とし、抵抗力をあらかじめ奪い去っておこうとしたのではないだろうか。応能応益家賃制度の導入で、公営住宅住民から政府が奪おうとしたものは、公営住宅住民の「権利意識」、住民が団結して国や自治体に対して、不正を許さず、権利を主張する「力」であった。だから、導入当初からあった批判は百も承知の上で、それを強行したのである。応能応益家賃制度の本当の目的は「真の公平」ではなく、公営住宅を限りなく〝ゼロ〟に近づけ、解体するために、公営住宅の住民の権利意識を奪い去り、住民自治を破壊しておくことだったのである。

これを示す出来事が大阪市東三国団地で起こった。


「大阪市淀川区にある東三国住宅（四棟三六〇戸）は、一九六〇年代に建築された住宅。『府営住宅ストック総合活用計画』によって、全体の九割を建て替え耐震補強する方針がだされていた。ところが、〇九年春、大阪府は突然、住宅の廃止・取り壊し方針を表明し、住民に対して二年をめどに退去を命じた。当時の入居者は、六五歳以上の高齢者が七割以上を占めていた。廃止方針が出された後、近くの公団や府営住宅に転居した住民もいるが、半年先に取り壊しが予定されている現在も一〇〇世帯が住み続けている（二〇一〇年現在）。

四棟に住むIさんが入居したのは、四〇年前。自宅が区画整理地域となったため、この住宅に一家で転居してきた。子どもは独立し、今はわずかな年金で一人暮らしをしている。

先月、住宅で暮らしていた八十代の女性が自宅で孤独死。別の八十代の知人女性も団地で飛び降り自殺をした。いずれも、廃止、取り壊し方針が出された後のことだ。

半年後の立ち退き期限を前に、Iさんも別の府営住宅に二回申し込んだが、いずれも抽選漏れで、行くあてはまだ決まっていない。『私だって心細くなって死にたくなることもありますよ。空き家も増えてきて防犯上の不安も出てきています』（インターネットブログ　二〇一〇年一一月二七日）。

大阪府営住宅半減構想を打ち出した橋下知事（現・大阪市長）は、東三国住宅の取り壊しをモデルケースとすると言っている。

三　応能応益家賃制度による同和住宅の家賃値上げ

同和住宅家賃値上げ反対全国連絡協議会は、「応能応益家賃撤廃」をかかげ、その最前線でたたかってきた。以下、その取り組みと現状を述べていきたい。

国のねらい

住宅地区改良法に基づき建設された同和住宅の家賃については、同法により、応能応益家賃制度を適用することを禁止されている。それにもかかわらず、建設省（当時）は、あえてそれを侵して、一九九七年一月二一日、「改良住宅にも応能応益家賃を適用することはできる」との通達を出し、大半の市町村が、この通達にしたがって家賃値上げを行った。

同和住宅に応能応益家賃制度を導入した政府の狙いは、公営住宅へのそれと同様、同和住宅そのものを極限的に縮小することにあった。ただし、同和住宅の場合は、それに加えて、同和住宅解体を通して、同和地区そのものを分散、解体させ、被差別地域住民の団結と部落解放運動そのものを崩壊させることに最大のねらいがおかれていた。そうして、戦後的な部落政策に終止符を打とうとしたのである。この並々ならぬ決意が、住宅地区改良法をおかしてでも同和住宅家賃値上げを強行するという事態をひきおこしたのである。

一九九八年に行われた値上げは、住民にとっては、寝耳に水のできごとであった。「これで地域がよくなるなら。これで部落差別がなくなるのなら」と、自らの家や土地をタダ同然で提供し、政府の思惑はどうあれ、血と汗を流して国を動かして建てさせた住宅。住宅建設当初、どこの地域でも、市は入居する住民に対して、判で押したように「自分の家を提供して入った住宅なのだから、値上げは絶対にいたしません。代々ここに住むことができる、これが自分の家だと思って下さい。一〇年後には団地を住民に払い下げをします。」と言い、住民は、それを疑いもしなかった。

ところが、入居して何年かたった一九九八年、市は手のひらをかえしたように、「ある程度収入のある人は出て行って下さい。それがイヤなら民間住宅並かそれ以上の家賃を払うことになる」「国で決まったことだから従え」と言ってきた。国家的詐欺ともいうべき仕打ちに対して住民が立ち上がったのは当然であった。

たちあがった住民

一九九七年一一月頃から、全国各地の同和住宅で、市による家賃値上げの「説明会」が行われたが、そこでの市の説明は「もう差別はなくなった」「いつまでも甘えるな」「一〇〇人いたら一〇〇人が反対するだろう、でもこの値上げは断固やる」という一方的で高圧的なものであり、住民にとっては、きわめて屈辱的なものであった。想像を絶する値上げに加え、市の差別的な姿勢に、各地で住民の不満や怒りが噴きだし、説明会の多くは混乱と紛糾の場と化した。この過程で同住連が、家賃値上げに反対した住民によって結成された。会員の多くは、家計の中心を担う女性たちと同和住宅が建設される前、住宅の建設を求めてたたかったお年寄りたちであった。同住連は、結成とほぼ同時に、家賃値上げが強行されたならば、値上げ前の家賃を法務局に供託し、生活を守りつつ市との話し合いを行うことを決定し、ほぼすべての地区で供託が行われた。同年秋には国土交通省との交渉も予定していた。ところが市も国土交通省も同住連との交渉には一切応じようとせず、頑なな態度に終始する一方、様々な手段で住民に供託をやめさせようとやっきになった。市は、それでも供託を続ける住民を裁判に訴えた。一九九九年六月から二〇〇四年にかけて全国一三カ所の市町村が、次々と住民提訴に踏み切った。神戸市、尼崎市、広島市、山口市は、家賃を供託して「支払いの意思」を示しているにもかかわらず、住宅を明け渡せと訴えた。国も市も「これで同住連はつぶれる」と豪語したという。だが、住民は自らの正義と誇りにかけて、前進して生きる道を選び、全国一三地域、三八七名の住民が、同住連弁護団の厚い支援を受けて、一〇年にわたる裁判闘争を最後までたたかいぬいた。

かちとったもの

①かちとった判決　一般に、国や市を相手に争う行政訴訟で住民が勝利することはきわめて困難であると言われている。同住連の裁判も例外ではなかったが、同住連弁護団のご尽力と住民の粘り強いとりくみによって、いくつかのところで、住民勝訴の判決をかちとった。

特筆すべきは、神戸市、西宮市と争った家賃請求裁判の地裁判決である。神戸市と争っていた裁判で、二〇〇四年三月、神戸地裁は「改良住宅に応能応益家賃制度を導入したことは、住宅地区改良法二九条に反し、違法であり無効」と判断し、神戸市の請求をすべて退けた。その二カ月後、西宮市での訴訟でも、神戸地裁尼崎支部は「値上げは違法、無効」と住民勝訴の判決をだした（詳しくは、本書位田浩論文参照）。国土交通省と神戸市、西宮市は、予想だにしなかった結果にあわてふためき、大阪高裁での審理には国から訟務検事を投入し、かろうじて、住民勝訴の一審判決を逆転させることができたのである。

住宅の明け渡し訴訟でも、神戸市、尼崎市との訴訟では、住民側が完全に勝訴し、広島市との訴訟では、七〇名への明け渡し請求に対して、裁判所は、五三名についてはそれを却下した（名義人の死亡による名義ちがいなど事情のある一七名には明け渡し判決が出された）。尼崎市は、地裁、高裁で全面敗訴し明け渡しが却下されたにもかかわらず、名義の違うAさんについてのみ上告したが、最高裁は市の訴えを棄却、Aさんの勝利が確定した。

また、値上げを認めこそすれ、橿原市との訴訟では、裁判所から、部落差別の現存を認め、政府の同和対策事業の打ち切りに非を唱える判決文を導きだしたことも大きな成果であった。

②敗訴判決をうけた後のたたかい　ともあれ、家賃請求訴訟では、最終的には、二〇〇九年にすべての地域で住民の敗訴が確定し、同住連の住民にとっては、その下で、いかにして住民の生活を守り運動を前進させていくか、が大きな課題となった。同住連は、敗訴判決後に、判決で確定した家賃額の支払い方法や減額を求めて、住民と市との話し合いを行うことを決定し、各地で行政と交渉を行った。話し合いの状況や結果は地域によって異なるが、ほぼすべての地区で、住民の要求がおおむね認められ、判決で確定された家賃支払いは、住民一人一人の生活実態にあわせて、支払い可能な金額での分割払いや、家賃の減額が認められた。新公住法制定当時はおよそ一〇万円に設定されていた近傍同種家賃が、五万に減額された地区もある。

A市では、判決後の話し合いをすすめるなか、話し合いの場に市長が出席して直接謝罪した。そして同市議会では家賃の減額等、住民の要求を受け入れた「和解書」が賛成多数で認められた。

N市では、判決が確定した後、住民と行政が話し合いをしている最中に、公務員労働者一五名が給与を差し押さえられたが、一カ月間にわたる抗議の座り込みや市役所前でのビラの配布、市長の自宅へのデモを行いつつ、組合代表と住民が住宅課と、のべ数十時間にわたる個別交渉を行い、給与の差し押さえをやめさせた。その一方で、簡易裁判所に調停を申し立て、支払い可能な金額で、判決確定家賃を払っていくことを認めさせた（調停結果の詳細は、本書位田浩論文参照）。

一七名が明け渡し判決を受けた広島市でも、二〇一〇年四月、市は一七名に対する明け渡しは行わないという方針を決定した。

住民敗訴の判決があったとしても、団結した住民の力と、その運動を前にした時には、行政といえども住民の生活を根底から破壊する強硬な手段に訴えることはできなかったのである。ところが、西宮市だけは、住民が何度話し合いを求めようとも、頑としてゆずらず、三〇名の住民を「住宅を明け渡せ」と裁判に訴えたのである（詳細は、本書位田浩論文参照）。

同住連は、現在、明け渡しをめぐる激しいたたかいの渦中にある。国の全力をあげた同和住宅家賃値上げに対して、五里霧中の中から運動をはじめ、四名の住民の不当逮捕という弾圧をのりこえてたたかってきた（本書永嶋靖久コラム参照）。これまでに住民がえた教訓は、「たたかいは、裁判が終わってからが本当の勝負。その勝負の時に住民の力が一番大きな力を発揮する、それが解放運動だ」ということである。勝ちとったことは、国や市に対して、抵抗したたかう勢力を地域に厳として確立したことである。それは新公住法の真のねらいを根幹から崩し、同和住宅や地域そのものを解体しようとする国家政策に対して、それを足下から揺るがすものとして大きく立ちはだかろうとしている。

さいごに

現在、大阪府下の同和住宅では、建て替えを口実にした公営住宅の取り壊しが、非常な勢いで進められている。

たとえば寝屋川市K地区では、地域開発によって地域全体が高速道路でズタズタに寸断され、その上に、駅前開発の名のもとに、人が住んでいる団地を解体し、更地にするという計画が住民に押しつけられた。二〇〇九年一月末のことである。同住連を先頭とした住民運動ではね返してきたが、現在、全く予断を許さない状況にある。

また、奈良市では高額所得者であることのみを理由に自治会長に対して同和住宅からの退去を求めてきた。運動は、現在全く新たな展開を開始しようとしている。住宅闘争の先駆をになってきた同住連が、同和住宅の家賃という問題のみならず、日本の住宅政策そのものを問い直し、それを根底からくつがえすたたかいに挑んでいく時をむかえたと思う。

公営住宅の住民をはじめ、住宅闘争に取り組むあらゆる人々と連帯していきながら、ひとまわりもふたまわりも大きな運動をつくっていかなければと思う。そうして、地域の自治を根本からつくりかえ、若者が帰ってくることのできる地域、ともに差別とたたかっていく新たな場として、地域を再生していきたいと考える。

（同和住宅家賃値上げ反対全国連絡協議会事務局長）

アファーマティブアクションについて

田代菊雄

アファーマティブアクション（affirmative action）とはなにかを解明するのが本稿の目的である。適切な翻訳語が見当たらず、アファーマティブアクションと本稿では言うことにする。大陸法系の我が国の行政では、「ポジティブアクション」といっている。

Ⅰ　アメリカにおけるアファーマティブアクションをめぐる運動とその発展

一　アファーマティブアクションが誕生するまでの前史

一九六〇年代、アメリカで、マーティン・ルーサー・キング牧師たちによる、公民権運動が大きく燃え上がった。それは、黒人であることを理由に剥奪されてきた諸権利と人種差別の撤廃を求める巨大な運動であり、アファーマティブアクションの先駆けをなした。まず、アメリカ公民権運動の発展過程を見ていきたいと思う。但し、筆者がアファーマティブアクションという言葉をはじめて聞いたのは、八〇年代の女性解放運動からである。

人種分離政策を違法とした最高裁判決――ブラウン判決

アメリカの選挙制度は日本とちがい、有権者登録制度がとられている。そこでは、法律上では選挙権があっても、本人が出頭して選挙人登録をしなければ、投票権を手にすることができない。黒人の多くは、教育から排除され文字を奪われてきたことによって、選挙人登録をすることができず、そのために、事実上、選挙や投票行為から排除され続けていた。

とりわけアメリカ南部諸州では、公然と黒人差別がやられており、州法に基づいて、小学校、ハイスクール（ハイスクールは日本でいえば中学・高校がつながったもの）、大学などがすべて、黒人用と白人用とに分かれており、黒人には劣悪な設備と貧弱なサービスしかなされてこなかった。それにもかかわらず、州は「セパレートだがイコール、分離すれど平等」「人種分離は、法律の平等な保護を定めているアメリカ合衆国憲法修正一四条に違反しない」と述べていた。

一九五一年、全米黒人地位向上協会（NAACP）は、こうした人種分離制度に対して、カンザス州トピカ教育委員会を相手に集団訴訟をおこした。カンザス州で、分離された小学校は、トピカ教育委員会が一八七九年のカンザス州法の下で運営しており、一五〇〇〇人以上の人口の一二のコミュニティで、黒人と白人の生徒を分離した小学校の施設の維持を地区に許可していた。原告になったのは、二〇人の子どもたちを代表した一三名のトピカの両親たちで、彼らは、人種分離制度は、黒人に対して劣った設備、サービス、扱いを永続化させていると、人種分離の方針を無効にするよう求めた。

地方裁判所は、「分離すれど平等」と、隔離施設を維持した州法を支持し、原告の訴えを退けた。しかし、一九五三年八月、判決の直後に、トピカ教育委員会は二つの学区を統合し、人種分離の撤廃を開始した。最高裁では、サウスカロライナ州、バージニア州、デラウェア州、ワシントン特別区で同様の訴訟が争われていたのを統合し審理が行われた。この裁判は、ブラウン対教育委員会裁判とよばれ、約二〇〇人の原告からなっていた。

一九五四年五月一七日、最高裁判所が、アール・ウォーレン主席裁判官の法廷で言い渡した判決は、公立高校での人種分離を有効と明示した、一八九九年のカミング対リッチモンド郡教育委員会の判決を覆し、「カンザス州の州法は、黒人の子どもの平等な教育の機会を否定している」とし、単刀直入に「人種分離した教育機関は本来不平等である」と述べ、満場一致（九対〇）で、人種分離の政策は違法であると判断した。ブラウン判決と呼ばれる判決である。

ブラウン判決に対する白人側のいくつかの抵抗もあった。そのひとつをあげる。一九五七年、白人しか入学させていなかったアーカンソー州立リトルロック・セントラル高校で九人の黒人学生の入学を州知事が拒否し、州兵を招集して学校を閉鎖し黒人学生の入学を妨害した。大統領は知事に事態の収拾を図るように命令したが、州知事が命令を拒否したため、アメリカ陸軍第一〇一空挺師団を派遣し、入学する黒人学生を護衛するという事件も起こった。

しかし、ブラウン判決は、差別に苦しむ多くの黒人に勇気を与え、公民権運動へ道を開いたのである。

モンゴメリー・バス・ボイコット運動

公民権運動の先駆となったのが一九五五年、マーティン・ルーサー・キング、ローザ・パークス、ラルフ・アバーナシーらが指導しておこした「モンゴメリー・バス・ボイコット」運動とよばれる非暴力、不服従の運動である。

前述したとおり、当時のアメリカ南部は、ジム・クロウ法（Jim Crow laws）と呼ばれる人種分離法の下で、黒人は日常生活のあらゆるところで隔離されていた。レストランや公共交通機関、公共の場でも、白人用のスペースと黒人用に分けられていた。

バス車内も白人席と黒人席に分けられ、黒人席は隅におかれ、真ん中の席は白人がいない時だけ黒人が座ってもいいとされていたが、実際には黒人の席はなく、白人が全員座って、それでも残った場合だけ、黒人が座ることが許されていた。黒人が座っていても白人が乗ってくると立って席をゆずらなければならず、それに従わなかったら逮捕されるという状況であった。

一九五五年暮れ、当時、百貨店で働いていたローザ・パークス（四二歳）は、帰宅するためにバスに乗車した。ローザが座っていると白人が乗って来始め、運転手が座っている黒人に立つよう命じた。ローザ以外の黒人は席を空けたが、ローザは立たなかった。運転手がローザに立って白人に席をゆずるよう詰問したが、ローザは拒否し、その場で警察に連行された。

ローザは立たなかった理由を「屈服させられることに我慢できなかった」と述懐している。ローザは、市条例違反で逮捕され、モンゴメリー市役所内の州簡易裁判所で罰金刑を宣告された。

ローザ逮捕の知らせが伝わると、モンゴメリーのデクスター街バプテスト教会で牧師に着任したばかりのマーティン・ルーサー・キング牧師（二六歳）、ラルフ・アバーナシー牧師らは、即座に抗議運動に立ち上がり、バスに乗らないという運動、バス・ボイコット運動を呼びかけた。バスは最も貧しい人が乗る乗り物で、バス利用者の七五％以上を黒人がしめていた。貧しい黒人にとって、バスは必須の交通機関であったが、キング牧師らの指導のもとで、黒人で車を持っている人がお互いに乗せあって通勤したり、どこへ行くにも歩いて行くなど、絶対に誰ひとりバスに乗らない、という方法で反撃した。バスを運営する市は、経済的に大きな打撃をこうむった。

一方、ローザは、市条例違反の判決に対して、バス車内の人種分離の条例は違憲であると主張して控訴し、翌一九五六年、連邦最高裁判所は、市条例は違憲であり、公共機関における人種差別を禁止するとの判決を出した。この判決をうけ、その翌日、三八一日間続いたバス・ボイコット運動は、黒人側の勝利をもって終結した。

二　公民権法の制定から「社会的・歴史的経緯による差別・機会不均等を積極的に是正する措置」の公布

バス・ボイコット運動の勝利を契機に全米各地で公民権運動が燃え広がった。一九六三年八月二八日には、ワシントンで二五万人を集めた抗議集会が開催され、一九六四年には公民権法が制定された。ケネディ政権は、南部諸州における差別制度を禁止する立法を行い、一九六六年、ケネディ政権をひきついだジョンソン大統領は、「社会的・歴史的経緯による差別・機会不均等を積極的に是正する措置」を公布し、政府の事業の契約者および政府から補助金を受けた機関に対する義務付けとして、民事裁判による命令を通じて、または民間法人の自主的な行為として、職場・学校における、地域の人種構成比に応じた雇用率・入学率を達成するための計画を義務付ける大統領行政命令をだした。

また、一九六八年には、住宅の販売と賃貸に関して、人種、皮膚の色、宗教、出身地、家族・家庭・家系などの本人の素質・努力・能力の範囲外の、出生時に決定される社会的属性による差別を禁止した「一九六八年の公民権法」が制定された。

当時の時代背景を見ておきたい。当時、学園紛争というかたちをとって大学に対する批判が、全世界的な規模で非常な勢いでおこった。一九六六年、フランスのストラスブール大学での大学の民主化要求から始まった運動は、一九六八年、一〇〇〇万人がゼネストにたちあがり、パリの学生街カルチェラタンが学生や労働者に占拠された、五月革命へと発展した。二八歳の学生が総長になるということもおこった。

また、ベトナム反戦運動も、全世界で非常な勢いで燃え広がっていた。一九六七年、南北ベトナムでそれぞれ設けられた「米国帝国主義の戦争犯罪を告発する委員会」の告発に基づき、「米国の戦争犯罪を告発する」国際法廷が、英国の哲学者バートランド・ラッセルによって提唱され、六七年四月三〇日から五月一〇日まで、ストックホルムで開かれた。英国、フランス、日本その他の「ベトナムにおける戦争犯罪調査委員会」は、北ベトナム現地へ調査団を派遣し、それらの調査事実をもって国際法廷に参加した。南北ベトナムからも戦争被害者が証人として出席し、ベトナムにおける米国の戦争犯罪を糾弾、世界の世論によびかけた。同年秋、一〇月二一、二二日には、米国の「ベトナム戦争終結のための全国動員委員会」の呼びかけに応じて、ワシントン、ロンドン、パリ、西ベルリン、アムステルダム、コペンハーゲン、カルカッタ、東京などで、ベトナム反戦をスローガンとした世界的規模の抗議・抵抗運動が行われた。ワシントンでは一五万人が参加、徴兵カードを焼き、国防省へ激しいデモをかけるなど、米国平和運動の新しい局面を開く盛り上がりをみせた。

このようななかで、ジョンソン政権による「社会的・歴史的経緯による差別・機会不均等を積極的に是正する措置」が発令されたのである。

その具体的な内容を見ていきたい。

当時のアメリカでは、例えば、ひとつの地域における生産年齢人口の三〇%は黒人が占めているが、その地域では会社に雇われている労働者は白人しかいないということが、日常的に行われていた。これに対して、政府は、生産年齢人口の三〇%を黒人が占めているのであれば、その地域の会社は、従業員のうち三〇%は黒人としなければならないということを強制した。

大学の場合は、合格者の一〇%は黒人枠にするとか、合格ラインが八〇点であったとしても、黒人については六〇点で認めるということを行った。黒人と白人が同じように教育を受ける機会が与えられたとしても、黒人と白人ではそもそもスタートが遅れている。小学校に入るときにすでに遅れているのをハイスクールを出たところで、「公正」にやるというのは平等ではないからである。これは一見すると、差別をしているように見えるがそうではない。実質的に平等にしなければならないという理由からとられた措置である。

また、Aという黒人ばかりの学校と、Bという白人ばかりの学校があるとすると、強制的に、A校の黒人の半分をB校に編入し、同じようにB校の白人の半分をA校に編入し、それぞれがバスで通学するようにした。バスで移動することから、バッシング(bussing)運動と言われた。この運動は、最初は南部諸州のために行ったものであったが、気がついてみると東部の非常に高級な地帯でも必要であることが明らかになった。なぜなら、東部でも高級な地域に住んでいる人たちは全部白人、下町といわれるところは全部黒人という構造ができていたからである。ボストンなどでも、バッシングの必要性は非常に大きなものになっていた。ボストンには差別はないと思われていたが、実は強制的にバッシングをしなければいけない状態であることが判明した。

バッシングに対抗して、白人は私立学校をつくり、子どもたちはすべてそこに行かせてしまうという方法で対抗してきた。その結果、公立学校はほぼ同じ数の白人と黒人がいるが、ある一定より高い生活水準の人は、私立学校に行かせることで、事実上、バッシングがこわれてしまうということもあった。最初は、非常に意気込んでいたが、結局、レーガン時代にすべて廃止された。

他に、「黒い」ということを、「ニガー」という差別用語を使って表現することに対して、「ブラック・イズ・

ビューティフル」、ブラックというのはきれいである、我々はきれいなんだ、という運動なども出てきた。

三　一九七〇年代のウーマンリブ運動

アファーマティブアクションという言葉が広く使われ始めたのは一九七〇年代にアメリカでおこったウーマンリブ運動からであると思われる。男女は同等であり、対等でなければならないというアメリカの女性解放運動、ウーマンリブ運動（日本でのウーマンリブ運動とは少し違う）が盛り上がり、その中で、「女性はこうあるべきだ」という規制の考え方から解放されていった。

当時アメリカでは、会社に女性と男性とがほぼ同数の社員が雇用されているにもかかわらず、上席につくのは男性社員のみで、女性は全員、平社員という状況があり、それが大きな社会問題となっていた。これは明らかに女性差別である。上席につく男女の比率は、半々でなければならないと、政府は、様々な措置を講じ、大学や企業にそれを強制した。

たとえば、校長は男で、女性はすべて平教員というのは差別の結果であるとして、上席には一定の比率で女性がいなければならない、それを守らない学校に対しては、連邦政府は、補助金をカットするという措置をとったり、大学の場合は、女性の教授が一定の比率をしめていなければ、大学への補助金を認められないこととした。ただし、大学教授については、教授の仕事は一定期間の訓練や準備が必要であることから、最初から五〇％とはせず、二〇％、三〇％と、徐々にふやしていった。

このように、強制的に差別をなくすことをアファーマティブアクションというのである。これは他に翻訳語は存在せず、新たな概念として、七〇年代のウーマンリブのころに出てきたものと記憶している。

アメリカ合衆国憲法には、男女平等ということはうたわれていない。しかし、アファーマティブアクションについては、それが実現されていることによって、慣例法として例示的に示されているものが多数存在している。アメリカは人種差別が厳然として存在している。だから逆に、差別をやってはいけないと、様々な措置がとられ、徹底的に差別を解消するという施策がとられたのである。

四　一九八〇年代——レッドパワー、イエローパワーのたたかい

一九八〇年代以降、アメリカでは、レッドパワーと呼ばれる、アメリカ先住民への差別や迫害に対する抵抗運動が大きな力をもつようになった。かつては、アメリカ先住民はインディアンというよび方をされていたが、今はそうではなく、アメリカ先住民という言葉が用いられている。黒人も、黒人という言い方はせず、アフリカ系アメリカ人という言葉が用いられている。

同じ頃、イエローパワーと呼ばれる運動もおこり始めた。これは日本人、中国人などへの差別に反対する運動である。日系アメリカ人市民同盟の運動もそのひとつである。

第二次世界大戦の最中の一九四二年、当時、日系のアメリカ人はすでに二世となっており、アメリカ国籍を有している人たちも多数いた。それにもかかわらず、全員、わずかの日数の猶予を与えられただけで、着の身着のままで住処を追い立てられて収容所にいれられた。それによって二世たちは、ようやく手にしたわずかな財産もすべて失ってしまった。

日系アメリカ人を強制収容したことについて、当初アメリカ政府は、強制収容所に入れたのは、白人の迫害から守るために隔離したのだと言っていた。それが事実であれば、収容所の周囲にある監視所の鉄砲は収容所の外に向いているはずであるが、実際には、鉄砲は中に向いていた。

一九七八年、日系アメリカ人市民同盟は、日系アメリカ人強制収容に対する謝罪と補償を求めて運動をおこし、一九八八年一〇月、その時点で生きている人に限るという条件つきで、強制収容を受けた日系アメリカ人と一世日本人への補償と救済が行われることになった（実際に補償がなされたのは、湾岸戦争の最中の九一年であったためか、日本ではほとんど報道されなかった）。

II　日本でのアファーマティブアクション——同和対策事業と男女雇用機会均等法との比較

一　特別措置法にもとづく同和対策事業はアファーマティブアクションに他ならない

次に日本で行われたアファーマティブアクションについて見ていきたい。一九六九年、同和対策事業特別措置法に基づき同和対策事業が開始された。これは、日本におけるアファーマティブアクションに他ならない。前述したように、アファーマティブアクションとは、国家が何らかの手だてを講じることによって、強制的に差別をなくすことである。同和対策事業は、強制力をもって差別をなくすために、国が必要な策を講じたものであり、これは日本で行われたアファーマティブアクションの一つである。

同和対策事業が開始された時代背景を見ていきたい。一九六〇年、日本では安保闘争が大きく燃え上がっていた。同年六月四日には総評のよびかけに四八〇万人の人たちがストライキに参加し、六月一五日のスト参加者は全国で五八〇万人を超え、全国で三万店が閉店ストを行い、一一万人が国会議事堂を包囲してデモを行った。そこで女子大生が死亡するという事件もおこった。しかし六月一九日、日米安保条約が自然成立し、六月二三日に岸内閣が総辞職、七月に池田勇人内閣が成立すると運動は急激に退潮し八月には消滅してしまって、非常に虚無的な空気が日本全体を覆っていった。

一方、その年の秋には三井三池闘争が燃え上がった。一九五九年一月、三井鉱山による六〇〇〇人の解雇に端を発したこのたたかいは、同年一二月に三井労組が無期限ストに突入、会社はこれに対して三池鉱山のロックアウトをもって対抗した。財界は三井鉱山を全面的に支援し、総評は総力で三池労組を全面支援したことから、「総資本対総労働の対決」と呼ばれる日本労働運動屈指のたたかいに発展した。七月七日、福岡地裁が、石炭を出荷まで貯めておく貯炭場であるホッパーへの組合員立ち入り禁止の仮処分をだすと、福岡県警は大量の警官を投入し、周辺は一触即発の状態となったが、最終的には、警官隊によって三池労組組合員が排除され、運動は鎮圧された。八月、中央労働委員会の斡旋案をへて、一一月、三池労組は、無期限ストライキを解除して、三井三池争議は組合側の敗北に終わった。

一九六〇年に安保闘争、三井三池闘争とよばれる大きな運動が起こり、その後、警官隊が圧倒的に強くなった。日本の場合、六〇年以降は、民衆の側は負けっぱなしという感がある。

世界的には、学園闘争などの運動が大きくもりあがった一九六八年以降、日本では、大学で教授団が極めて体制従属的になっていった。一九六〇年の安保闘争の時はデモの先頭を歩いていた教授団が、一九六八年頃になると体制に服従していく傾向が強くなっていった。たとえば私が属していた東北大では、助手と教授団との間にある格段の差を見直して助手も教授会に入れろと要求し、参加できるようになっていたが、結局、人事に関しては教授だけで決めるということになり、その核心部分から助手が排除されるということがおこった。

時を同じくして学生運動も分解し、六〇年のたたかいで情熱をかたむけた学生の問いかけが、結果として、社会的には、あまり大きな変動をもたらさなかった。それでも、六九年には東大闘争があり、入試が不可能となったり、六九年から七〇年にかけては、大学はストライキで、ずっと封鎖されるという状況も続いていた。ここで封鎖をとかないと全員が留年になるというギリギリのところで、機動隊がはいってそれをくずしてしまった。

こうした時代背景の下で、一九六九年に同和対策事業特別措置法が制定され、それに基づき、同和地区に指定された地域に対する環境改善事業が行われ、上下水道の整備や大量の同和住宅が建設され、放置されている子供たちのために保育所を設置するなどが行われた。

とりわけても、アファーマティブアクションが重要な概念になってくるのは、住宅、居住の問題に関してである。他に比べると、短時日のうちに多数の同和住宅が建設され、家賃も他の一般公営住宅より安く設定された理由は、同和地区という一つの地域の平均収入が、一般地区と比べて低いから、それに対する是正措置として行われたからである。同和地区の平均収入が他に比べて低いことについては、数字ではっきりとでている。例えば、同和対策事業が行われる少し前、一九六三年時点の同和地区の平均世帯収入と全国平均世

1963年　同和地区と全国平均世帯収入の比較

（単位：万円）

	全国平均	同和地区	比　較（同和地区／全国）
世帯年収・平均見積もり	59.1	45.6	77%
世帯年収・最小見積もり	44.5	37.2	84%
世帯年収・最大見積もり	73.8	53.9	73%

「同和対策審議会答申」1965（昭和40）年8月11日、同和対策審議会
「家計調査年報」1963（昭和38）年、総理府（当時）統計局資料より

帯収入とを比べると、全国平均世帯収入がが五九・一万円であるのに対して同和地区のそれは四五・六万円で、一般地区と比べるとおよそ七割強となっている（表を参照）。同様に、男性の失業率を比較すると、全国平均が二・六％であるのに対して同和地区は五％となっており、全国平均の二倍となっている。不安定雇用の占める割合は、全国平均が六％であるのに対して同和地区は一〇％となっている。この結果、前述したように同和地区の平均収入が全国のそれに比べて低額となっているのである。

公営住宅と同和地区の住宅の家賃とが同一である必要はない。同和地区の収入が低いのだから家賃も低くした。それが、実質的な平等を保障していくものだからである。

二　男女雇用機会均等法――結果が不平等であれば意味がない

次に男女雇用均等法を見ていきたい。日本では、性の平等を憲法でうたっているが、現実には平等になっていない。一九九七年に男女雇用機会均等法が制定され、これで就職や職場環境をめぐる女性差別はなくなると思われた。しかし、実際には、「女性は一般職、男性は総合職」という構造は変わらなかった。「女性も一般職から総合職にかわっていい」と言われて、

制服を着ない女性もでてきたが、それはごく少数にすぎなかった。そのシステムは、入社する時点で転勤できるかできないかを聞くと女性の場合、家庭の事情などから、たいていは「転勤はできない」と答え、それなら一般職にとなり、結局ここで差別される。機会均等法の差別撤廃条項は何の役にもたたないということになってしまっている。

アメリカでは、そのようなことはありえない。アメリカでは総合職であっても、夫婦が同居しており、父母が近いところに住んでいるということを理由に転勤を拒否することができる。日本ではそうはなっていない。

日本は、「家族が非常に仲がよく、いつもいっしょに暮らしているものだ」とよく言われる。しかし、大手企業などでは、四十代、五十代の男性はたいてい単身で赴任している。私の住んでいる岡山でも、大企業の岡山支店長に赴任されてきている人たち、その多くは四〇歳～五〇歳代の男性であるが、ほとんどが単身で赴任してきている。女性の単身赴任というのはあまり聞いたことがない。

公立学校の教員、小学校の先生などは、かなり「均等」だといわれている。しかし、私が七五年ごろにいた山形県では、県立高校で夫婦で教師をしている場合、夫婦で同居できないような遠距離の学校に、それぞれを赴任させるということが行われていた。夫が校長になったころに妻に遠いところに赴任させる。そうすると妻の方はたいてい仕事をやめる。結局、女性教員の場合、校長、教頭になれないようにされていた。小学校では、女性でも校長になれるケースがかなりでているが、高校では、女性で校長になったというケースはまだない（少くとも岡山県では）。

その他、女性教員への肩たたきというのが半ば公然と行われており、女性の場合は五〇歳くらいで自主的にやめざるをえないということがかなりの頻度で行われていた。

先般、厚労省の村木厚子局長の冤罪事件が注目を集めた。局長というのは、第一種のキャリアで、最初からキャリアとして入っている。キャリアでない人は、局長まではなれないのが普通である。

敗戦直後、一九四七年に制定された労働基準法は、男女で賃金を差別してはいけないと明記している。しかし、そこをくぐり抜けた理屈は、職種がちがうから賃金もちがう、男女でわけたのではない、というものであった。

機会均等法がだめな理由は、結果で平等でない。機会を均等にしろといっても、例えば採用試験が、平等であるかわからない。募集に四年制卒男子と書いていないのに、採用試験を受験させてくれないというのは、ごく普通に行われている。

アファーマティブアクションという言葉で概念されていることは、強制的に差別をなくするということであり、機会均等であるということは、それ自身、結果が不平等であれば何も意味していない。日本の場合は、結果不平等のままである。

男女差にもとづく役割分担は、実はそれこそが差別

アメリカでは、かなりの数の女子大がつぶれてしまい、生き残った女子大は非常に優秀であり、同じレベルの大学であれば女子大卒の方が「より優れている」と評価されている。実際にアメリカでは、女性の大学教授の多くが女子大卒で占められている。

女子大卒の方が「より優秀」という結果になったのは、女子大では、結果的に役割分担がないからである。

男女共学の大学では男子学生にまかせていることも、女子大では、すべて女子がやらなければならない。私が学生の頃は、男と女が仲良くやって、重たい物は男が持つのがあたりまえであった。ところが、女子大の場合は、重い荷物の運搬などの重労働も、みんな自分たちでしなければならない。高いところでの大工仕事のようなことも女性がやらなければいけない。

こうしてみると、「男性にしかできず、女性では不可能」という仕事は、ほとんどない。既成の考えに基づく役割分担は、実はそれ自身が差別である。私の経験から、いくつかの例をあげてみたい。

六〇年安保が終わったころ私は東北大学にいた。当時、東北地方で津波による大きな被害があり、その救援隊を東北大学から送り続けることにした。大学はストでずっと休みなので学生を募集して作業隊をつくり、夏休みまで一〇日間ずつ交代で支援に行き、現地までの交通手段については、津波の被害で列車が動かなかったためトラックを乗り継いで行くことにした。そこに一人女子学生が応募してきた。これは指揮をしていた男子の学生たちの頭にはなかった。トラックに乗りついで移動するから不可能だと断ったが、彼女は前年の伊勢湾台風で被災活動をやったので、是非行かせてくれと言って救援隊にいたが、結局入れなかった。

一九九五年の阪神大震災の時、私が勤務していた女子大の学生を率いて被災地支援に行った時のことである。女子大生たちは、救援先の基地で責任者に対し、女性は食事をつくる役割、男は力仕事というような役割分担をしないでほしい、重労働の現場にも女子を連れて行くべきだと要求した。重い物の運搬など、男であれば一人でやることでも、女なら二人でやればできるのだと言った。私自身、女性への差別を自覚していなかったと知らされた。私の経験からも、男女による役割分担というのは、差別であると思う。

三　同和住宅家賃値上げ反対運動について——キーワードはアファーマティブアクション

最後に、同和住宅家賃値上げ反対運動とアファーマティブアクションについて述べたいと思う。

一九九七年、日本政府は同和対策事業に関して「住宅、道路等の物的な生活環境については、(同和地区とその他の地区の)較差は見られなくなり、これまでの特別対策については、おおむねその目的を達成したことから、平成九年三月をもって終了する」「同和行政の歴史の転換期である」(総務省)と述べて、同和対策事業の終結を決定し、同和住宅の家賃も、一般公営住宅家賃と同様にすることにした。時を同じくして、公営住宅法が抜本的に変えられたことから、同和住宅家賃は大幅な値上げとなり、全国で訴訟が争われるまでになった。

以下、同和住宅家賃値上げについて述べる。ここでも、キーワードになってくるのがアファーマティブアクションである。

前述したように、同和住宅家賃が低額に設定されたのは、同和地区の平均収入が他と比べて明らかに低額であることから、その是正措置としてなされたものであり、それによって実質的平等をはかってきたのである。

一九九七年、政府は較差が是正されたことを理由に、同和対策事業を打ち切り、同和住宅家賃値上げを行った。しかし、「較差が是正された」とする政府の認識は誤っている。これも数字ではっきりと出ている。同和地区と全国の平均世帯収入を比較すると、一九九〇年には、同和地区の平均収入は三〇三万円で、全国平均収入五二七万円の五八%でしかない。二〇〇〇年時点では、同和地区の平均収入は三二〇万円で、全国平

1990年　同和地区と全国平均世帯収入の比較

（単位：万円）

	全国平均	同和地区	比　較 （同和地区／全国）
世帯年収・平均見積もり	527	303	58%
世帯年収・最小見積もり	443	245	55%
世帯年収・最大見積もり	610	361	59%

「平成5年度同和地区実態把握等調査　総務庁長官官房地域改善対策室」
「国民生活基礎調査」資料より

2000年　同和地区と全国平均世帯収入の比較

（単位：万円）

	全国平均	同和地区	比　較 （同和地区／全国）
世帯年収・平均見積もり	617	320	52%
世帯年収・最小見積もり	508	260	51%
世帯年収・最大見積もり	725	380	52%

「同和問題の解決に向けた実態等調査 生活実態調査報告書 平成14（2002）年1月
八尾市」「国民生活基礎調査」資料より

均収入六一七万円の五二％である（表を参照）。同様に男性の失業率を比較すると、一九九〇年時点では、同和地区の失業率は三・二％で、全国の三・一％とほぼ同じであったが、二〇〇〇年になると、同和地区の失業率は九・五％となり、全国の四・八％のほぼ二倍となっている。

同和対策特別措置法が制定される前の一九六三年と比べても、較差は是正されるどころか、より大きくなっているのであり、そうである以上は、従来どおり、そこに特別の補助をなすのは当然である。それにもかかわらず一般の市営住宅家賃と同じ扱いにするというのは誤っている。同和住宅で暮らしている人々の家賃値上げ反対運動は、きわめて正当な要求である。

（ノートルダム清心女子大学名誉教授）

今、部落問題は

吉田徳夫

はじめに

二〇〇二年の同和事業の打ち切りをめぐって、これを部落問題の終わりと見る見解がある一方、人権問題への切り替えだとする主張があった。政府は、同和事業としては、「やるべきことはやった」と自己評価し、その上で人権問題への切り替えを述べ、二一世紀は「人権の世紀」と位置づけていた。しかし、人権の世紀という政策的な転換期を画するための新たな装置は、ほとんど実現を見ていない。たとえば、政府自身が主張していた人権擁護法案や国家人権委員会等は実現していない。こうした変遷の中で、部落問題は人権政策の中で、占めるべき位置を失っている。即ち、同和施策から一般施策への転換を促す考え方に従い、部落問題の人権問題への切り替えを述べる考え方もあり、従来、同和施策により講じられてきた色々な事業の改廃、見直しが進み、より一般的な施策へ切り替えが行われたが、人権施策において部落問題が欠落しているのが実情だと思われる。

公営住宅法の改訂により、家賃体系が変わり、応能応益という社会福祉的な家賃制度が定められ、一定の収入以上の者には、家賃を高く設定するという変更が行われた。公営住宅法は一九六〇年に制定を見たものだが、その制度趣旨が揺れ動いた。そもそも公営住宅は広く部落外にも建設されたものだが、部落の中にも建設された。部落にはこうした公営住宅法により建設された住宅と、住宅地区改良法に基づいて建設された改良住宅がある。二種類の広い意味での公営住宅が存在する。

住宅家賃制度の変更をめぐり、部落の人たちが原告となった家賃の値上げ反対の裁判が起こされた。部落の人たちが主張した論点は、果たして部落差別はなくなったのかという点である。

日本政府のこれに対する見解は歯切れが悪く、明白な所見が述べられていない。今後、部落問題がどう展開していくのか予断を許さない、というのが実情であろう。

他方で、部落に建設されてきた公営住宅では一般公募による入居が始まり、部落に大きな変容をきたす問題が生起している。入居者の実態はまだまだ全容を把握されているとは言い難いが、高齢者、母子家庭、障害者が目立つとも指摘される。また従来から指摘されてきたのは、在日外国人も部落住民の一角を占めてきたことである。明らかに日本社会の中で「社会的弱者」と言われる人々である。こうした地域に収入による入居制限を加えるということは、地域社会のコミュニティの自立性を阻害する要因になりかねない。即ち、経済的により多様な住民からなるコミュニティを形成するという観点に立てば、一般施策の目的とするところと相違する結果になりかねない。

部落問題とは「差別と貧困」だと言われてきたが、差別は人権問題を指し、貧困とは経済問題を指す。この解決のために、今まで様々な努力が重ねられてきた。同和施策は経済的な格差を是正するために取られてきた社会福祉的施策であったが、貧困問題が部落問題を特質づけるものとは言い難い。都市に立地する部落では、貧困問題が特筆されることもあるが、貧困問題とは次元を異にする人権問題としての部落問題の解決には至っていない、と考える。先に述べた住宅家賃値上げ反対の裁判で争われた点は、部落差別は今も存在するか否かという点でもあった。裁判所の判決は揺れ、今もなお部落差別は存在するという判決も出された。今、部落問題は揺れ動いている。確かに経済的には格差は多少は是正された一面はあるが、しかし次々と部落へ流入する社会的階層の貧困問題を解決する能力があるのか。予断を許さない問題である。まして人権問題としての施策は、同和事業での突出した施策と比較して見劣りがする。ネガティブな人権侵害問題の解決ではなく、ポジティブな人権問題の解決のためには、やはり部落問題の歴史を再点検する必要があるだろう。

一　部落問題とは何であったか

部落問題は、その名称からすると、明治末期に始まる「特殊部落問題」に端を発していると思われる。現在の部落の人々が、今なお部落外の人を指して「一般」と称することからも、明治の施策が今日に至るまで多くの国民の意識に強く作用してきたと思われる。即ち、明治政府は一般部落と特殊部落という二類型をもうけ、特殊部落には、一般部落とは異なる施策を執り行った。この時の事業実施を「融和事業」と言い、事業実施対象地区を「特殊部落」としたのであった。当時の役人の証言では、この「特殊部落」は、当然に、元「穢多」を指すと理解されてきた。「穢多」と「特殊部落（民）」、さらに「部落」は連続線上で捉えられてきた。

また同和対策審議会答申が部落問題の解決のための施策として、部落の定義を行おうとして、それを果たし得なかった。即ち、部落の定義を属地主義、属人主義という両面の定義から行った。昨今の同和地区指定に際して、自明なこととして、戦前の融和事業において作成された部落の一覧表（「部落台帳」）が用いられた。このことから分かるように、こうした施策は、戦前以来の継承関係を踏まえたものであったと言えよう。

しかし、部落とは何なのかは、案外、検討されてこなかった。理由は、余りにも自明なことであるため、部落の定義が曖昧なままに置かれてきたからである。曖昧とは言え、先にも述べたように、両様の定義があり、即ち血統主義的に部落民を定義することが古典的だとすれば、これに対して地域的な概念として部落を定義することが新しい概念である。江戸時代にも血統主義から捉えられた人々の居住地域という意味で、地域概念（「穢多地」）と見なし得るものはあった。これを実体的な概念とすれば、これとは相違する地域概念が、明治政府により採用された。行政施策の実施対象地域として地域概念を新たに作り上げられ、明らかに江戸時代とは相違する行政施策が生まれたのだ。その施策の総体をさして「融和事業」としたのである。いわゆる「属人主義」と「属地主義」という二種類の定義が併用され混用されてきた。また、部落の前身と考えられる「穢多」という用語も、余りにも自明なこととして定義がなされてこなかった。

部落なり、「穢多」という用語が不明確なまま、今、部落問題が解決を迎えるとすれば、国民間の差別が希薄になることはあっても、政府の施策において人権侵害に関わる用語の検討については、等閑に付されただけである。これでは部落問題の何が解決したのかわからない。地域概念としての部落の消滅が問題の解決なのか、血統主義的に把握されてきた部落民の消滅なのか。後者に関しては、部落民の末裔が自然消滅することはありえない。日本政府が、戸籍法に言う「国民の系譜」の原理としての、血統主義を放棄していない中、消滅したとは思えない。

二　「穢れ」と「穢多」——呼称について

歴史からみた部落問題は、この「穢多」の意味の確定からまず行うべきだと思う。「穢れ」という用語も、今日なお意味が確定しているとは言えない。電子辞書によれば、「けがれ」という文字は「汚れ」と示され、現在では「穢れ」という用語も示される。「汚れ」と「穢れ」とでは当然意味するものが相違し、「汚れ」は「よごれ」とも読むので人間の外部から付着する物質的なものを言うのであろうが、「穢れ」は人間の精神的な、内面的なものに関わる用語であろう。

歴史的な用語としては、「穢れ」は「穢悪」、「穢汚」とも表記するが、私見では、最も古い「穢れ」の用語の定義は、律令法『令義解』の神祇令に見える。そこでは「穢悪」の用語についての注釈を「穢悪なるもの、不浄のもの、鬼神の悪むところのもの」と記す。この神祇令の箇条は、当時の国家祭祀において忌避すべきタブーを列挙した箇条である。「穢悪」とは、言い換えれば「不浄」であり、実体的には「鬼神が悪（憎）む」ところのものと言える。律令の別の箇条の継嗣令では、律の罪（刑）とは異なると言い、宗教上の罪である、と間接的に定義する。即ち、国家神道上の罪の概念である。

具体的には、その「穢悪」とは、神事執行期間中に行ってはいけないとする行為に対する説明であり、違反行為を六つ明文化して列挙している。即ち「喪を弔い病を問うを得ず、謂は、重親に喪病有る者、祭を預かる限に在らざる也、肉を食ふ亦刑殺を判ぜず、罪人を決罰せず、音楽を作さず、謂は、絲竹歌舞之類を作さざる也」と言う。弔喪、問病、食肉、刑殺を判ぜず、罪人を決罰せず、音楽を作さず、という「六禁」を神事執行に際して避けるべき行為として挙げるのである。

この律令法に追加して『延喜式』が制定され、「死穢」「産穢」が追加された。この「死穢」の箇条も、上記の神祇令の追加修正法に見える。即ち「人死は卅日を限る、葬日より初め計へよ、産は七日」と規定する。即ち「六禁」に加えて生死に関わる「穢れ」を追加したのである。しかも、従来は神事執行に際して忌むべきものと規定したのであるが、『延喜式』では更に「触穢」条を設け、「穢れ」が伝播すると称して、日常的に「穢れ」に触れた者は忌むべき期間があるとして、謹慎期間を定めた。こうした法的な措置が、「穢れ」を回避させ、人間的な交際を避けさせる結果となる。

とりわけ、「人死」の場合は、もとより仮寧令という法律があり、近親者に関して服喪の制度が整備されていたが、この「仮寧令」と神祇令を混交させたものが『延喜式』であったと言える。謹慎期間は神事執行期間に限定されていたが、右の混交の結果、日常生活にも謹慎期間を設けることになる。言わば、宗教法と世俗法を混交したのである。こうした「穢れ」観をベースに、中世以降、「臨時の穢れ」が制定され、個々の判定権は天皇にあるとされた（『法曹至要抄』）。「臨時の穢れ」が発令されたのは、政治的に重要な事件に際してである。例えば、武家の首長の死去、天皇の死去、或いは合戦の勃発等に際して等である。こうした「臨時の穢れ」が歴史上、強い影響を及ぼし、中世には天皇の居所が穢された場合などは、「天下触穢」という一連の法令が出された。江戸幕府は武家政権とは言いながら、天皇制の根幹に関わる法を踏襲し、用語を変えて「鳴り物停止」令と称した。また江戸幕府は律令神祇令や『延喜式』を踏襲し、「穢れ」観や、謹慎規定を『服忌令』を通じて制定した。近代や現代でも、法的な根拠なしに、同種のことが天皇の皇位継承儀礼の中で行われたことは、記憶に新しい。

「穢れ」は宗教上の罪、違反であり、しかも神道法上の罪であるという概念が流布した。もとより宗教上の罪を「穢れ」といい、仏教にも「穢れ」観があるが、神道法上の「穢れ」観念とは相違するようで、仏教には内面的な罪、原罪観はあるが、政治的に展開した罪観念ではない。古代・中世に見える、武士また庶民の「穢れ」観は、律令法にいうものに近く、『延喜式』に規定された「触穢」思想は武士の思想の中には乏しかった。

さらに中世の後半期では、慢性的に治安の悪い時代が続くが、この時代に刑罰の厳罰化という問題が生じる。行為規範に対する違反という意味であったものを、罪に対する憎しみが強まるにつれて、その憎しみを人格に転嫁させて「穢多」という用語が発明されたと思われる。部落問題の研究では、「穢多」という用語の成立の背景には、鎌倉時代の『塵袋』という文献を引用し「キヨメヲヱタト云フハ何ナル詞ハソ、穢多根本ハ餌取ト云フヘキ歟、餌ト云フハ、シヽムラ鷹等ノ餌ヲ云フナルヘシ、其ヲトル物ト云フ也、ヱトリヲハヤクイヒテ、イヒユガメテ、ヱタト云ヘリ、タトトトハ通音也」と言い、餌取の音韻が変化して「エタ」となったとする。しかし、国語学的な知見では、こうした音韻変化はありえないという。また近年の研究では、この文章は後世の書き込みと考えられるようになった。後世の辻褄合わせ的な解釈である、と言えよう。

三　部落の起源

同和対策審議会答申では、部落問題は、国民的課題あるいは政府的課題であるとした。差別問題は市民間に生起する問題とも言え、また市民と国家との間に生起する問題でもある。部落問題は国民に広く浸透した人権侵害であり、一部国民が差別するという問題ではない。国民の間に広く平等思想が確立していれば、問題解決も簡単であったであろうが、人権という法律用語が国民に受け入れられた歴史も第二次世界大戦以後のことである。部落問題の解決に当たっては、国民的課題というのであれば、政府的課題も副次課題となる。国民か政府か、同和対策審議会答申は、どちらに解決責任を置くのか曖昧にした見解であった。

看過されやすいのは、国家が市民の一部を差別するという問題である。国家による一部市民に対する差別は、容易に国民に浸透しやすい問題となる。部落問題に関して言えば、合理的に考えれば、職業起源論に対する疑問が生まれるが、その疑問が生まれることを押し殺してきたのは、やはり政府の見解の強さのためであろう。まして政府が、一部国民を差別する原因を作ってきたという議論は、政府の認めるところではなかった。政府は他に責任を転嫁することを常とした。もちろん、政府が職業にではなく、日本の仏教教団にその責任を転嫁してきた歴史もある。また排外主義の強い時代には、部落民の祖先は外国人とする異民族起源論まであった。

政府は、問題解決の責任の所在を曖昧にしているが、政治責任を厳しく問う声が、政治起源説に基づいていたといえる。そして研究上、この政治起源説が成り立ち得るか否かが論点であり、中世に部落があったか否かを検証する作業が続けられてきた。

部落の起源論は、部落発生の原因論であり、部落問題の本質論である。今日では起源論は、政治起源、職業起源の何れかにまとめられてきた。職業起源論は、職業には「穢れた」職業と「清らかな」職業があり、その「穢れた」職業を選択した者の自己責任により部落民、「穢多」が生まれたとする考え方であり、他方、政治起源論は支配の問題に起因するとする考え方である。この政治起源論の考え方は、第二次世界大戦後に生まれた比較的新しい見解であり、前者の考え方の歴史は古い。今日、部落問題を政治的問題とする考え方が弱くなり、政治起源説を取るものは少なくなった。それに歩調を合わせて中世起源説が台頭して、換言すれば社会起源説に近い考え方が多くなってきたが、その内容としては職業起源論が多いように見受けられる。

四　血統(世系)主義と身分登記

古代には、貴族層は身分的特権を世襲し、その特権を子孫に継がせるために、貴族の血統的な管理は国家によりなされてきた。また貴族以外に庶民を国家の管理の対象としたのは古代の戸籍法であるが、この戸籍も古代末期には作られなくなった。中世では庶民を対象とする戸籍は存在しない。

中世には、貴族層の血統の管理の方法に変化があり、国家による直接管理方式は採用されなくなり、国家に直接関係した貴族や武士により作成された系図なり族譜が作成されてきた。これが国家に提出されてきたものと思われる。室町時代の初期に朝廷を中心に作成された『尊卑分脈』という文献が今日でも残っている。室町時代には、室町将軍を含む『尊卑分脈』が編成されている。こうした族譜、系図の作成は江戸時代に全盛期を迎える。とりわけ、賤民階級に対する血統管理が厳しく行われた。身分支配と血統管理が結びついたのである。そのため江戸時代の「穢多」身分は血筋者とされ、「穢多」身分からの解放ということもなかった。「非人」には二種類あり「野非人」と「血筋の非人」があった。この管理を宗門改、あるいは人別改という帳簿の作成を通じて行い、それは今日の戸籍の原型となるものであった。また、江戸時代には信仰そのものが禁止されたキリスト教については、激しい迫害があり、たとえキリスト教を放棄しても、「切支丹類族」として管理の対象となり、毎年、転び切支丹の生死を確認する「類族帳」が作成され、江戸幕府に報告されてきた。

明治の戸籍法は、この江戸時代の血統管理方式のみならず、内容までも継承したもので、最初の戸籍である壬申戸籍（明治四年作成）は、もとの族称も記載し、人民の系譜に関心を示した。容易に誰もが元の族籍を調べることができた。この壬申戸籍は永久保存とされ、これがある時期まで開示されてきた。

部落を解放するということは、この血統管理から外すことである。江戸時代、解放という用語を用いた法令がある。当時、部落民が失踪し、行方が分からなくなる事件が多発した。こうしたことを食い止めるため、江戸幕府は、「穢多」身分に限って、永遠に失踪者を尋ねさがすことを命じている。幕府法は、その時行方不明になれば、「解放」という結果になると言っている。

五　近代の部落問題

近代は、ナショナリズムを随伴して国民国家を形成された。このナショナリズムの根幹に血統主義を置いたのである。このことは今も変わらず、踏襲されている。江戸時代後期からその傾向が現れるが、明治維新の際に継受した法律はフランスの人権法であり、江藤新平などは家族を単位とする戸籍を用いず、個人登録で済ます考え方であった。しかし、具体的に戸籍を編成する際においては、江戸時代の宗門改めを継承することが自明のこととされた。明治四年に解放令が出されるが、その解放令も戸籍法を一部改正するものであり、族籍を記載する欄を撤廃させる効力を持ったが、それは戸籍編成原理として、血統主義を採用するものであった。

日本で本格的なナショナリズムが展開し始めるのは、明治憲法制定前後のことと考えられる。明治一三年の政変は、政府内にあった民権派を追放し、天皇を主権者とする明治憲法制定に向けて憲法調査が始まる契機となった。そこでは法の継受をイギリスやフランスなどではなく、ドイツに求める構想が示され、また日本の古来の法、国法を復活させ、天皇制国家の法律を編纂する方針を明確にさせた。明治憲法作成を終えて、伊藤博文は憲法の作成原理を枢密院に報告して、「天皇帰一」と説明した。その言うところは、欧米ではキリスト教が法治主義の精神としてあるが、日本にはキリスト教に代わる国民的宗教がないとして、日本の法治主義の精神的な原理は天皇制に由来させるというものであり、近代主権国家の主権者としての天皇制を新たに構想するものであった。よく引用されるのは、穂積八束の「民法出でて忠孝滅ぶ」という論文である。これはフランス法系の民法典の施行に異を唱えるものであり、異を唱える思想的な根拠は、思想的には儒教にあるとも言えるが、法的には江戸時代以来の日本の国法にあると言える。

日清戦争、日露戦争を経て日本はナショナリズムの昂揚を迎える。これが排外主義と復古という性格を帯びる。法典編纂に目処がついた時点で、穂積八束以下、ドイツ法系の見解から日本の国家を「家族国家」論で纏める動きが現れてくる。日本国民は天皇家を宗家として、国民はその一分嗣であるとするものであり、平易に言えば、天皇家が本家で、国民の各家は分家に相当するというものであり、天皇家による家父長制支配、パターナリズムを強調する見解である。これが日本的復古思想を集大成したものといえる。

この時期に、部落差別裁判がおこる。一つは、広島高裁での結婚差別裁判である。部落民が身元を偽り結婚すれば詐欺婚とされ、民事賠償の請求の対象とする判決であった。さらに昭和に入り高松結婚差別裁判では、恋愛で同居すること（事実婚）にたいして「誘拐罪」という刑法を適用した。近代部落差別事件の特徴は結婚をめぐる事案に多いことである。ここにおいて人権思想はなきに等しい見解が国家から出され、こうした判決が一九六〇年に至るまで踏襲されてきたのである。

この判決は、必ずしも江戸時代の判例を継承するものではなく、明治独特のものである。江戸時代にも部落民と平民の結婚をめぐる裁判があったが、判決では平民の身分を「穢多」とする身分刑を言い渡していた。部落解放とは、婚姻の自由化を意味するものであり、江戸時代の終わりや明治維新期には、その自由化が試みられていた。例えば、徳川幕府崩壊寸前に出された江戸幕府自身による解放令では、平民との縁組みを罰しないという箇条があり、明治四年の解放令と時日を空けないで、明治政府は婚姻の届け出主義を採用していた。こうした婚姻に関する自由化の流れに対して、先の広島高裁の判決は水を差す行為であった。即ち平民と元「新平民」との婚姻上の交わりを禁止しようとしたのであり、換言すれば、平民社会から新平民を、婚姻という人間関係上の重要な関係において締め出すものであった。平民社会の維持、発展を期するというところに「家族国家」形成の目的があったと思われる。その結果、婚姻や就職を契機とする部落差別が横行した。

六　融和政策

一九〇八年に明治政府は「戊申詔書」を発布する。戦前の三大詔書のひとつである。明治国家は重大な政策を実施する際、詔書を発布して、志気を高める。その目的は、日本の「文明国」化を図るところにある。ここにいう「文明国」とは国際法上の用語で、文明国間は平等条約を締結する資格を有するとされ、一九〇二年に締結された日英同盟がその成果であった。さらに日露戦争を経て日本の国際社会での地位が向上したことは相違ない。明治維新が文明開化の時代と言うならば、明治末期は天皇制国家の完成としての「文明国」を名実ともに形成する時代でもあった。具体的には国籍法が制定され、また外国人の入国管理制度が整い始め、条約改正に伴い外国人の「内地雑居」問題が論議され始める。外国による居留地や領事裁判権の撤廃などが課題であった。

文明に対する野蛮という対概念があるが、国内的には江戸時代以来の慣行を守り続ける者に対しては「陋習」を守り続けるものとして改善の対象とされ、とりわけ部落に対してその取り組みが強化された。日清戦争以後、日本の産業社会化がすすみ、江戸時代以来の日本社会の変貌が急速に進み、とりわけ農村の疲弊、都市の急成長が見られた。都市では人口の集中に伴って犯罪が激増するという事態に遭遇し、また公衆衛生をめぐる問題が取り上げられた。部落も同様の事態に立ち至った。そのため、まず部落を改善事業実施対象地域として指定することが始まる。江戸時代以来の元「穢多」と呼ばれた呼称を、「特殊部落」と名付けたのは、この改善事業であった。

改善施策の実施主体は内務省であり、その管轄下にある地方官と警察官を用いて全国に「地方改良運動」を始める。内務省が発行した雑誌『斯民』に当時の内務省の活動の跡を認めることが出来る。その実施主体たる内務官僚たちの結社である「報徳社」の指針は、一つは「天祖を尊信して国体の根本を擁護」、二つには「貧富相和合して人民の秩序平衡を保」、三つには「慈恵共済独立自尊の心を強ふして」、容易には他の慈恵に依存させない、とされた。その施策の根底には「道徳を以て精神を養ひ、経済を以て身体を養ふ」という道徳主義があった。また、行政上の方針として「和」を持ち出し、治安政策と社会政策の同時施策を始めた。

部落は感化政策の対象となったが、その部落に対する政策が社会政策だけではなく、治安政策を包含して行われた所に特色がある。この点は特に米騒動事件を通じて強化されていった。言い換えれば、部落への施策は犯罪の予防対策という一面があった。一種の保安処分がなされた訳である。その部落に対する調査活動には、官僚を始めとして学校の教員や警官、或いは篤志者や僧侶がそれに当たった。とりわけ、警察官がその任に当たった。部落に居住する「部落専任警官」が特別に養成され、福祉と治安の二面を担ったことになる。

おわりに

近代に至る部落問題を俯瞰してきたが、ここに記された問題が、現代の部落問題が直面してきた課題であった。問題は、自由権の確立することを含め、個人が尊厳あるものとして尊重されるべき社会をつくることである。これに反する歴史が部落の歴史であり、人権闘争を弾圧してきた歴史でもあった。言い換えれば、一つには宗教を用いた国民思想、ナショナリズムを道徳に高めないこと、政治的な事件の当事者の名誉を尊重するなり、名誉回復を行うことである。また法的には血統主義、あるいは家族主義的な法の規制を弱くすることである。弱くするということは、家族を団体として、法的にも政治的にも利用せず、個人を尊重することである。

（関西大学教授）

今一度、解放運動を

森島吉美

はじめに

部落解放運動の歴史は長い。水平社宣言（一九二二年）以来おおよそ九〇年。政府（明治政府）による解放令（一八七一年一〇月布告）、その後の融和運動（後に自由同和会、全日本同和会として引き継がれる）を経て、被差別部落の人々、差別を受け続けてきた人々自身の運動へと解放運動は歴史を歩んできた。

「人間を差別する言動はいっさい許さない」という水平社創立の魂を持って、一九六五年、国に差別の存在を認めさせる「同和対策審議会答申」を出させた。

ここではその運動の歴史をたどるつもりはない。

それどころか、かつての運動が行き着いた、「今、ここ」で、かつての運動が、かつての運動の勢いがどこを探しても見当たらないという驚くべき事実に行き当たって戸惑っている（筆者の狭い体験範囲であることを願う）。

「同和対策審議会答申」に応えるべく「同和対策事業特別措置法」が一九六九年に出された。これは、当初は一〇年の時限立法として始まった。いろいろの形で延長されて、三三年間にわたって国が差別解消に向けて事業に取り組んできた[1]。

問題は、その法が切れてからの話である（二〇〇二年三月三一日）。法が切れたのは、差別がなくなったからなのか？　法が切れて差別はなくなるのか？

上に述べた「表（おもて）」の運動の歴史とは別に、我々の眼に触れることなく、その声がほとんど我々の耳に届くことがない「裏（うら）の運動[2]」を、自身が体験してきた限りではあるが以下に述べていこうと思う。そのことによって、「今、ここ」で我々が何をなすべきか、少しでも提示できれば幸いである。

事例1

筆者が最初に「本格的」に部落差別問題にかかわったのは、島根県西部のT町においてである。人権問題の講演会の講師として呼ばれたのがその最初であった。講演会の案内のチラシが配られない、講演会は町の中央ではできないという、考えられない条件の下でその講演会が開催されることになった。理由は、T町の同和地区の住民の一人が反対しているということであった。長い間、島根県西部の被差別部落の人々を物心両面で支えてきた、自身、島根県H町の被差別部落出身のTさんが語ってくれた。

「先生、わかってくれ、みんなものすごい差別の中で生きてきている。どこか遠くから知らない先生がやってきて、『差別はいかん、差別は許さん』というだけいって、その場をはったらかして帰ってしまう。後に残された部落のもんは、『説教』食らった行政の職員、学校の教員から、厳しいまなざしを向けられる。『お前らがいるから、われわれはこんな説教を受けねばならんのや』と。先生、このT町には三〇世帯ほどの部落がある。若いもんはおらん。みんな中学終えたら関東の方に逃がすという。それほどひどい差別がある。ある一人の地区のおばあちゃんが話したことがある。『この部落の住民の平均年齢は七〇をはるかに超える。若いもんは帰ってこん。後十数年したらみんな死ぬ。我々の家に新たに住み着くもんは誰もいない。全ての家は空き家になり、そのうちに自然崩壊し、土にかえる。そうしたら、晴れてT町から部落がなくなる。部落がなくなったら、我々の子や孫はもう差別を受けなくてすむ。その日が早くこんか、早くこんかと、みんな死ぬ日を待って毎日元気に生きている。我々は、差別を受けても何もいわん。何の抵抗もせん。そう決めた。我々が何も抵抗せず、差別を受け続けたら、今我々に差別をしているこの人らは、わたしの子や、孫にはそこまでひどい差別はすることはなかろう。そこに唯一の希望をつないで、運動はせんという運動をすることにした』」

このT町のおばあちゃんの「運動はしないという運動」は立派な運動である。これは一般に運動といわれるものの対極に位置する。しかし、見方を変えれば、これこそが運動の原点である。残念ながら、このおばあちゃんも、H町のTさんも今はこの世にいない。あるのは昔と変わらない差別だけである。

部落差別問題への取り組みにおいて、一番厄介なのは、自然解消論である。ともかく、そっとしておけ、というのだから。研修会も、啓発ビラも、対策事業も、住民の意識調査をすることさえ拒否する。これはあくまで、差別する側の住民の論理をいっている。

「差別、差別、と大きな声を上げるから差別は残る」

先の同和地区のおばあちゃんの「差別があっても何もいわん」という言葉と、いわゆる一般地区住民の「差別、差別、と大きな声を上げるから差別は残る」という言葉、言い換えれば「差別はするけれども、差別があるとはいうな」ということの言葉、この両者の言葉の見事な符合。これが正にT町の実態である。

事例2

兵庫県S市から住民の意識調査を頼まれた。調査の結果は惨憺たる結果であった(3)。それは調査を始める前からわかっていた。一切の対策から捨て置かれた被差別地区の実態。調査が依頼され、調査を進めている間に新しい市長が誕生した。この市長が、調査報告の結果を見て、市長の名前で、市の名前で調査報告書を出すことを拒否してきた。差別をなくすための課題をこの報告書が提示し、それを市の名前で出そうものなら、それへの取り組みを公にすることになるからだ。多くの予算を使うだけ使って、その成果を住民に市の名前で出すことを拒否したのだ。税金の無駄使いもはなはだしい。

このS市のI町に神社がある。毎年一〇月一六日に秋季大祭が行われる。I町の五地区から屋台が担がれ本宮の練り合わせが行われる。その様子を市の「広報」が掲載している。まずは四台の屋台が、境内に入る前に、I川の土手で神事に参加する。それを済ませて境内に入る。一台の屋台だけが、他の屋台が神事に参加している間、神社の前の「道の駅」の駐車場で待っている。そして、四台の屋台の神事が終わると、五台の屋台が一緒に境内に入り練り合わせをする。駐車場で待たされた一つの屋台はI町の被差別部落（S地区）の屋台。被差別部落の屋台は神事に参加できない。「広報」[4]にはその地区の名前が具体的に記述されている。おまけに、そのS地区出身の担ぎ手がインタビューに答えているといった具合である。しかも実名入りで。「一〇年前にS地区の屋台が誕生したときはうれしかった。幼いころから憧れてきた練りに参加できて満足している。力の続く限り勤めたい」

この「広報」が我々に知らせるのは、「I町の一つの被差別部落の屋台は、一〇年前までは存在しなかった。ようやく一〇年前に他地区と同じように祭りに参加できるようになった。しかし、他地区と全てが同じというわけではない。練り合わせの前の神事にはその地区は参加できない。それにもかかわらず、その地区の人は祭りに参加できることを心から喜んでいる」という事実である。

市の「広報」の読者は市の住民である。市の住民は、地区の具体的名前を見るだけでそこが被差別部落だとわかるはず。そこの屋台が他の地区の屋台と違う扱いを受けていることを彼らは再確認する。そして、それにもかかわらず、地区の人が喜んでいることを知って満足する。

S地区の住民からすれば、「おれたちは他の地区と違う」という事実を嫌というほどたたきつけられる。「でも、祭りに参加できるようになった」と自分を納得させる。ある意味で、彼らの中に一般地区の人々への「絶望とあきらめとねたみ」の気持ちが植え込まれる。

差別問題へのかかわりにおいて、差別解消に向けたなんらかの対策が取られれば、そこにいわゆる一般地区から「ねたみ意識」というのが生まれてくる。差別解消に向けての厄介な障害である。S市における上の意識調査の結果の中で、異常な数値を示すのが、「ねたみ意識」の高さである。はっきりいって、S市においては、それほど同和対策事業が実施されたという形跡がない（最初の一〇年間は実施されたが、その後は一切やられていない）。ほとんど手付かずの地区も多くある。にもかかわらず「ねたみ意識」が異常に高い。

同和対策事業を途中で投げ出す、意識調査をやっても、最後の結果を公表し、課題を見つけ取り組みをするという宣言はしない、被差別部落の祭り参加を許可しても完全参加を許さない、全てに一貫しているこの巧妙な「中途半端な取り組み」。被差別部落の人々の「絶望とねたみ」と一般地区の人々の「ねたみ意識」のこの絶妙のバランス感覚、これがS市の現状を見事なまでに表している。

事例3

長野県で信じられない結婚差別事件が起こっている。信じられないというのは、裁判所がその審議のあり方から判決にいたるまで部落差別に手を貸すという前代未聞の事態が起こっているということである。

裁判で扱われている中味は簡単な事実である。一人の地区外の女の子（A）と一人の被差別部落出身の男の子（B）が結婚をした時には既に妊娠していた。Aの親は結婚を認めざるをえなかった。二人は新婚生活を始めた。二カ月後子どもが生まれるのでAは実家に帰った。子どもが生まれた。普通にはAはその後Bの元に帰り、子どもを入れた夫婦生活を続けるはずである。ところがこのケースでは、Aは突然、家庭裁判所にBとの離婚調停を申し出た。Bにとっては、全くの寝耳に水の出来事であった。Aの離婚理由は、ほんのわずかの金銭的問題と、Bの親の同居が嫌ということだけであった。全ての離婚調停をつぶさに知る筆者ではないが、離婚を認めてもらうにはあまりにも乏しい理由というほかない。こんな理由で離婚が認められたら、それも自分の子どもの親権まで取られることにでもなれば、たまったものではない。

裁判の中で、Aに対する本人尋問が、遮蔽板措置(5)のもとで行われている。この措置は、例えば、筆者の知り合いがタクシーの運転手から暴行を受け、裁判でその事実を争っているが、その際の本人尋問では、暴行相手の当人に面と向かって尋問に答えるにはあまりにも厳しい状況であることを察した裁判官が本人尋問の際には、遮蔽板措置をとる計らいをした。これならよくわかる。レイプ裁判のように、本人が公の前に自身をさらしたくない場合に限って許される措置である。本件のように、A自身が、少額の金銭等をめぐって離婚を争っている場合、そんな必要性はどこにもない。だから本人が自分の方からそんな措置を申し立ててはいない。それを裁判官があえて自分の判断で取った措置である。なぜ？　この時点で、裁判官の判決の中味は決定していた。Aの陳述書に、あくまで話し合いによって解決を求めようとAと話し合いを求めてやってきたB側の人を、「被告の代理人と称する」人と表現したり、「弁護士でもない代理人」と表現したりする、その言葉の裏にある「部落の人は怖い人」という差別意識と裁判官の遮蔽板措置、表現手段は違うけれど、同じ意識の現れである。

同じ様な結婚差別事件が島根県東部M町でも起こっている。部落出身の女性教員Cと地区外の教員Dの間に起こった事件。二人は結婚相談所を通して知り合い、結婚した。結婚前には、Cが部落出身ということは表に出てこなかった。二人は結婚式を挙げた。その結婚式の披露宴に出席していたDの親戚の一人が、Cの親族の一人が部落出身であることを知った。Dの親族の間でこのことが大きな問題として騒がれた。それでも結婚生活はしばらく続いた。二人の子どもができた。その間、Cは一度もDの実家の敷居をまたぐことを許されなかった。Dも長男でありながら勘当同然の扱いを受けた。その内Dは精神的に追い込まれていった。勤めていた学校を止め、最後には実家に帰ってしまう。ある日、Dの弟と父親がCの留守を狙ってCの家を訪問し、玄関に応答に出たCの母親の隙をついて、勝手口から弟はDの長男を奪うように実家にさらっていった。裁判はこの子どもの親権を争う裁判であった。ここには明らかに部落差別が存在し、半ば誘拐事件のような事実も存在する。子どもは、それまでに何度もDの実家を訪れ、おばあちゃん、おじいちゃんと遊ぶことがあったから、自分の身の上に何が起こったか全くわからず、無邪気に、何の不自由もなく生活を続けていた。裁判の判決の内容は、現状維持、つまり、長男は母親の手元から奪われた。Dの家族は、裁判の判決を待つまでは良心のやましさを抱えていたに違いない（何しろ、子どもをその実の母親から引き離すのだから。筆者の思い過ごしか?）。差別をすることのやましさ、もっと他にヒトとしてとるべき手段があるはずだというやましさを。

しかしこの判決は、ヒトとしての当然の迷いを一蹴してしまう非人間的判決であった。

差別をする側の人間に、反省をする機会を与えるどころか、差別をすることを後押しする判決である。

上の二つの裁判の判決は、現状を維持する、目の前の現実に波風を立てない、つまり差別社会の現状を維持する側に立っている。

事例4

二〇〇九年島根県M町で講演をした。部落差別、結婚差別の話をした。講演が終わって聴衆がいったん家路についた。僕も、夜の中国道を、車を走らせて広島に帰った。その日は小雨。講演を聴いた一人の女性が、家に帰ったものの、講演を聴いたときの「ショック（思い）」を胸に、一度僕に直接話そうと決心し、あわてて、講演会場に戻ってきた。しかし、会場の明かりは消え誰もいなかった。涙を浮かべて雨を見ていた。それが彼女の「差別との闘い」の第一歩。すぐに彼女は僕にメールをしてきた（主催者から連絡先を聞いて）。その何日か後に彼女とあった。彼女の両親は松江市の学校教員。M町の被差別部落出身。その地を去って十数年。彼女が大学を出て、求めた就職先が偶然に彼女が生まれた実家の町。親はそのとき初めて彼女に「部落出身である」ことを告げる。彼女にはその時、一人の恋人がいた。彼は岡山の地区外の人間。彼は、彼女の悩みを何も知らない。彼女は、今誰かから直接に、具体的に差別を受けているわけではない。でも、彼女の悩みは深刻である。地区外に生まれた人が味わう必要がないこの悩み。彼女は何に向かって如何に闘えばいいのか？　差別との闘いがない町では彼女のように孤立無援になる子が多い(6)。

地区外に生まれた子にも同じような事態が起こる。大学の僕の講義を聞いた一人の学生の話がそうである。彼は、講義の試験代わりのレポートにその時の思いを書いている。

「先生の繰り返し話される結婚差別、部落差別の話を聞いていて、いても立ってもいられません。僕には一人の彼女がいます。同じ大学で学んでいます。長い付き合いです。昨年のクリスマスに彼女の実家に招待されました。彼女の親が僕に会いたいといってきました。うれしかったです。浜田の僕の家に帰って、親に話しました。親戚の叔父が漁師で、彼女の実家に行くなら日本海のタイを持っていけ、と大きなとれたてのタイをくれました。それを手土産に彼女の実家、倉橋島を訪れました。彼女の両親は親切でいい人たちでした。すばらしい時間を過ごしました。その日の夜広島の下宿先に帰りました。年が明けて彼女に再会しました。彼女は笑顔で僕に話しかけてきました。『クリスマスは楽しかったね。両親はとても喜んでいたよ』といった後に、『でも一つ気になることがあると、お母さんがいってたの。漁師をやっている人には、あっち（被差別部落出身）の人が多いからね、と』。僕にはにわかに信じられませんでした。その時は、『まさか、そんなことありえんし』と答えました。しかし内心は穏やかではありませんでした。ひょっとしたら、という思いが絶えず僕の頭の中を駆け巡りました。でも僕には両親にそのことを質す勇気がありません。『もしも』、という思いがあります。先生の話を聞いて、こんな僕は差別者である、ということに気がつきました。こんなぼくは彼女にふさわしくないと思います。もしも部落出身なら、彼女の親は結婚を認めないだろうし、たとえ出身でなくても、親に聞く勇気がない僕は差別者であるから、彼女から離れるほかに道はありません。彼女と別れます」

彼は、間違いなく、部落の人間ではない。部落の人間でない二人が、部落差別を通して別れた。

この二つの話に共通しているのは、現実の差別社会を前に、一人は部落に生まれ、具体的、攻撃的差別を受ける前に、どうしようもない現実を前にもがき苦しんでいる。いま一人は、自分の彼女の母親のたった一言の前に、現実の壁を打ち破ることができないでいる。

事例の分析

上に挙げた全ての事例に共通しているのは、差別を受ける側の意識と、その周りを取り囲む差別する側の意識が、奇妙に合致しているという事実である。いや、お互いが差別社会を強化し合っている。

第一の事例においては、「差別、差別、というから差別は残る」という「自然解消論」の理屈と、「我々は自分たちが受ける差別に対しては闘わないと決めた、じっと我慢して受ける」という同和地区のおばあちゃんの「差別と闘わない運動」の理屈は、お互いがお互いの理屈を強め合っている。差別的現実の壁は強化されることはあっても壊されることはない。

第二の事例においては、同和地区の人々に、手を差し伸べる振りはするけれども、最後には、必ず、「部落の人間は部落の人間」といやというほど再確認させる「中途半端な人権問題への取り組み」によって、同和地区の人々の意識の中に植え込まれる「一般地区への絶望とねたみ」と、その地区の人々を取り囲む周りの人々の「ねたみ意識」の異常な高さ、この差別社会の現状は強められることはあっても弱まることはまずない。

第三の事例において我々に突きつけられる事実は、簡単明瞭な事実である。それは、差別問題へのかかわりにおいては、差別する側に立つか、差別と闘う側に立つか、どちらか一方しかないという事実である。中立という立場は存在しないということだ。中立を自分の立つ場と考える裁判官がいる限り、結果として差別的状況は強められることがあっても弱まることはない。

川で人が溺れて流されていく。自分がたまたまそこを通りかかる。他に人はいない。そのとき、川に飛び込んで流されていくその人を助けるか、見てみぬ振りをするか。自分は助けようと思ったが、とか、助けることが正義であるとはわかっていたがとかいかに言い訳をつけて助けなかった自分を弁護しても、見てみぬ振りをする人となんら変わりない。

第四の事例は、単純に差別社会への恐怖心を表している。この世の中（阿部謹也がいう「世間」[7]）には、「正しい」ことより、「正義」より、人に従うことを強制する「世間体」というものがある。それがたとえ正しいことでなくっても、正義でもないことがわかっていても、人はそれに対してただただ恐れ従う外にない。部落の人には、結婚するときに、自分が部落であることはなんら障害になるはずがない、なるべきでないということは理屈ではわかっている。部落出身であることが正義に反するなんて誰も思ってはいない。それでも一歩前に踏み出せないでいる。自分が部落かどうか親に聞く勇気がないということは、結果として、自分を宙ぶらりんの状態においておくことである。幽霊の正体を見ようとしない人の前に、差別社会は平然と居座り続ける。

これらの事例を見ていくと、最初に述べた、「かつての運動が行き着いた、『今、ここ』で、かつての運動が、かつての運動の勢いがどこを探しても見当たらないという驚くべき事実」と符合する現実が解放運動を取り巻く周りの社会にあるのではないかということに行き当たる。

「私は差別をなくすためにF町で広島支部青年部長を引きうけ、広島市内のS大学の人権サークルをたちあげて闘ってきました。さらに仲間を求めて積極的に〈全学連〉に加入し、討論を重ね信頼関係をつくり、人権問題に取り組んできたのです。八月末（二〇〇七年）『七月テーゼ』の学習会で、討論が行われたとき耳を疑うような発言が次々と私に浴びせかけられてきました。

『あなたは、全国連のことしか考えてない』『戦線主義だ』

『住宅家賃値上げ反対闘争は物取りだ』

『（あなたが所属する運動団体・全国連の）N書記長はリーダーとしてふさわしくない』

『全国連を新体制にすべきだ』

などと差別発言がなされたのです。

私はこれらの発言どれひとつとっても絶対に許せません。聞いた瞬間、頭はまっしろになりました。仲間だと思っていた学生から一斉にいろいろな差別発言がこれでもかこれでもかと繰り返されたのです。ある種のショック状態におちいりました。そのひとつひとつが私の心臓をつきさしていったのです。

私は必死で反論しましたが一〇人近い人からの居直り発言、はなから私が間違いだと頭ごなしに決め付けた異常な雰囲気でした。結局、夜中の一二時過ぎまで続き、物別れで終了しました。

この学生たちは人間解放といっているけど何もわかっていないのではないか、と大変な不信感をいだいたのです。

一六年間全国連のリーダーとして血をながして闘ってきたN書記長に対して、『リーダーとしてふさわしくない』とはどういう神経なのか！　住民が生活ぎりぎりで闘ってきた住宅家賃値上げ闘争を物取りとは、どういう思想なのか！　ふざけるな！　一部の学生からどうしてこんな言葉をいわれんといけんのんか、本当に理解できません。

一緒にたたかっているからまだ部落差別を理解していると思っていました。私は、大きな錯覚をしていたと思い知らされたのです。同時に差別の重さをひしひしと感じています。

学生たちは自分の主張がわたしに通用しなくなったときに本音が差別としてあらわれてきたのだと思います。更に許せないことに、差別糾弾闘争を学生のNが公然と否定したことです。

電話でのことです。事実確認をしようと待っていたときに、私のところへ電話で『そちらには行けない』、『玲ちゃん、糾弾は相手の人格を否定することになるんだよ』と信じられない言葉が返ってきました。そのとき、私と私の闘いが全否定されたような気持ちに襲われました」

「部落差別問題は部落民に任せておけばいい」、「確認糾弾会は人の全人格を否定する」、被差別当事者の個々の特定の活動に対して、「物取り主義」といった発言を平気でする。それも被差別当事者を目の前にして。

今回、具体的に、反差別の声を封じられたのは、ようやくにして自分の足で反差別に立ち上がったばかりの一人の女子学生であった。それも、それまで一緒に解放運動を闘ってきた学生仲間から。

彼女の怒りは、当然、その仲間に向けられる。しかしこの怒りは、差別野放し状態の中に放り込まれ、声も上げられず、住む場所を追われ、自分が生きていく希望さへ奪われた被差別当事者の「声なき声」を代弁している。

それまで一緒に解放運動をやってきたはずの学生仲間が、今、露骨に、正面きって、ここまで差別発言してきたのはなぜか？　それまでは協力して解放運動に携わってきた仲間の中から、ここまでの露骨な差別発言・行為をしてきたのは彼らだけだろうか？

一九六九年の「同和対策事業特別措置法」ができ、差別をなくす主役であったはずの行政が、法切れがわかると、あろうことか、同和住宅の家賃値上げをしてくる。「同和教育」を実施し、部落差別をなくし、同和地区の子に学力保障をしていくはずの学校の教員が、露骨に部落差別問題から離れていく。国が学校に、国歌斉唱、国旗掲揚を強制してくる。

先の裁判におけるように、裁判官が部落の人との離婚調停に大手を振って介入してくる。あるいは、山口県U市で起こった結婚差別事件のように、警察が、親が反対した部落出身の交際相手の元に逃げていった娘の行方不明捜査に手を貸し、挙句に、逃げた場所がわかると、今度は誘拐捜査に乗り出す始末。運動だけがしぼんでいくのではないことが一目瞭然である。

まとめ

では、我々にこの差別的現実を突破する道が残されているのだろうか？

ヒントはある。

僕の大学のひとりの女子学生の話[8]。

インターンシップで、ある老人ホームに行った一人の女子学生が、その体験報告会で、「わたしは、ある老人ホームを訪問して、何もかも見たこともないことばかりで、何をどうしていいのか全くわかりませんでした。あるとき、一人のアルツハイマーのおじいちゃんと散歩をしているとき、おじいちゃんは疲れたのか、散歩道の脇にあるベンチに腰掛けました。そしてわたしに、『おじょうちゃん、わたしを座らせてくれんかねえ』、と頼むのです。おじいちゃんは既に座っているのです。ただただびっくり。どうしていいか、腰を抜かさんばかりに驚きました。慌てふためいているわたしを見て、そのホームのヘルパーさんが駆けつけて来て、何もなかったかのごとく、そのおじいちゃんの相手をしているのです」と、自分の力なさを嘆き、そのヘルパーが何事もなかったかのように、「それじゃ、おじいちゃん、座りましょうね」と、仕事を続けるのに感心すると同時に、「えっ！」、と矛盾を「感じ」た、と吐露している。

この報告を聞いたとき、僕の心の中の何かが異様に動いたのを覚えている。その動きを言葉にできないで戸惑っていると、その報告会を聞きに来ていた一人の年配の男性が、「いい話を聞かせてもらいました。がんばってください」と声をかけている。彼女の発表の中味は、「わからない、驚いた、矛盾を感じた、腰を抜かさんばかりにびっくりした」だけである。「いい話とは程遠い」話しか彼女はしていない。そんな彼女に、その男性も僕と同じものを感じたに違いない。「ホームに入ればこんなヘルパーに会いたい」という思いである。彼女の何がそんな思いにさせるのか。彼女がホームの仕事を「理解」しているには程遠い。むしろ「理解できない」と嘆いている。

大事な点は、ベテランのヘルパーがそのおじいちゃんに「アルツハイマーの患者」として、いわばルーティンの仕事として接しているのと違って、その学生は、「他の誰とも取り替えようがない」そのおじいちゃん個人と向き合っているという事実である。

その学生は、戸惑いながらも、矛盾を感じながらも、驚きながらも、一人のおじいちゃんに辿り着いた。

ベテランのヘルパーの前では、「アルツハイマーの患者」の一人に過ぎなかったそのおじいちゃんが、その学生の前では、他と取り替えようがない世界でただ一人のおじいちゃんとして現出してくる。ベテランヘルパーの「他人事の理解」と違って、その学生は「自分事」の出発点にしがみついている。

「他人事の理解」の前提には、「自分は変わらない、自分は安全だ」という保障がある。「自分事」となると話は別である。驚き、慌て、不信感を抱き、矛盾を感じ、苛立ち、「わからない」自分と出会う。

新しい現実・問題に出会ったとき、間違ってならないのは、その解決をあせって、一度に全て、といった闘いは危険である。これは、我々が目にする「戦争」だ。そうではなくて、いろいろ問題を抱えながらも、確かな前進を確保することである。具体的な個から目を離すことなく、時間をかけて聞こえない声に耳を傾けることである。「同和住宅家賃値上げ闘争」においても、裁判は思うような結果を得ることは難しい。ここは考えようである。今まで、差別の実態を訴えてもなかなか耳を貸さなかった行政が、つまり、被差別地区を見てみぬ振りを続けてきた行政が、家賃を値上げする権利を裁判所の判決でもらった以上、具体的家賃を決定するために、やむなく地区に入って、地区の人と具体的折衝に乗り出さざるをえなくなった。つまり、被差別地区の実態をいやおうなく聞かざるをえなくなった。視点を変えれば、ようやく行政が地区の実態を具体的に知る時が来たのだ。差別は具体的である。抽象的差別はない。家賃値上げの論理の裏には、同和住宅と民間住宅を一緒に考える個々の具体性を欠いた土台の上に成立した論理がある。その「他人事の論理」に対して、ひとりひとりの一つ一つの具体的差別を提示していけばいい。

上に挙げたすべての事例（事例1から事例4）が示しているのは、「誰もが闘いを停止している」姿である。大きな差別社会を前にして闘うことをあきらめている。わかったような顔をして、現実を批評したり、批判しても何も始まらない。大きな差別社会の厚い壁に、ありの穴を開けていくことから我々の仕事が始まる。

（広島修道大学教授）

注

（1）「同和対策事業特別措置法」、「地域改善対策特別措置法」、「地域改善対策特定事業に係る国の財政上の特別措置に関する法律（地対財特法）」。

（2）ここでいう、「表」、「裏」は、正義と悪という意味ではないことを断っておく。言い換えれば、目に見える運動と目に見えない運動といった意味である。

（3）『明日のまちづくりに向けて――S市民人権意識調査結果報告』国連登録NGO横浜国際人権センター「ヒロシマブランチ」発行、二〇一〇年三月。

（4）S市企画部秘書広報課が編集・発行、二〇〇九年一一月号。

（5）東京高等裁判所第一四民事部に提出された、控訴人側の『控訴理由書』（二〇一一年三月九日）において、「裁判の公開原則等違反」として憲法違反を訴えている。

（6）「同和住宅家賃値上げ反対運動を支える会ニュース」第四号、二〇〇九年六月一日発行。

（7）阿部謹也の、『「世間」とは何か』（講談社現代新書、一九九五年）、『学問と「世間」』（岩波新書、二〇〇一年）、『世間への旅――西洋中世から日本社会へ』（筑摩書房、二〇〇五年）等参照。

（8）詳しくは、拙著論文「ナメクジと蛇と蛙――今、ここの平和問題を考えるための一つの試み」、『広島修道大論集』第四七巻第二号、二〇〇七年二月、広島修道大学人文学会発行、を参照。

第Ⅲ部　コラム

東日本大震災、福島原発事故から学ぶ

三浦たけお

今回の震災を見て居住環境の確立が、いかに重要であるか学びました。

社会的インフラが整った環境、病院や買い物など

が比較的近くで、健康にかかわる設備、児童ケアセンターなどの社会的な設備があることは、毎日の生活を安心して送る上で大切です。また、健康を害する公害がないことも重要です。

地域が汚染されていたり、公害の汚染源があるようでは、住んでいる人の健康の権利が守られない、人権規約でいう「適切な住い」が保障されているといえません。

東日本大震災、福島原発事故は、健康の権利が奪われているにも拘らず、被災者の居住保障も進まず、全ての対応は、人命よりも経済活動に重きを置いています。

顕著な例は、原発問題は、夏の電力不足を回避しようと再稼働ありきで動き、原発事故で一番失敗した役所が作った基準は、動かすための基準のように見えることです。

一日も早い被災者への居住環境の確保を心より願っております。

（守口市議会議員）

東北の部落を訪ねて

井橋昌夫

よく「東北に部落はない」と言われます。しかし青森県をはじめ東北六県にはすべて被差別部落があり、部落差別があります。部落や差別がないのではなく、組織的な解放運動がないのです。

茨城県は福島県の隣で、解放運動がある中では最北の県です。三・一一東日本大震災では茨城でも沿岸部で津波被害があり、地震で家屋の一部が壊れた世帯は、部落の中でも多く出ました。

私たちは、さらに震源地に近い東北の部落はどうだったろうか、被害がでていないだろうかと心配でした。そこで、四、五月の連休に東北六県の部落を訪ねることにしました。

しかし部落がどこにあるのか、まったく分かりません。調査にはかなりの日数が必要でしたが、古いわずかな資料が見つかりました。

そして四月二六日から一〇日間、東北の部落を訪ねました。

東北の部落は、農村にはほとんどなく、市街地の外れにあります。これは、伊達政宗などの為政者が、城下町を作る中で、エタ・非人身分の人たちを集めて皮革、刑吏などに従事させたことによります。

明治から戦中は、東北の部落は軍需品など皮革の一大産地であり、裕福な世帯も多かったと言います。今も太鼓屋を営んでいる部落もいくつかあります。

しかし戦後は皮革業も没落し、一九六七年、あるいは八〇年頃の報告を見ると、ほとんどの部落は「不良住宅が密集した都市スラム」のようだとされています。その後、どうなっているかについては、私たちも分かりませんでした。

福島県からはじめて、青森県まで各県の部落一二地区を訪ねることができました。全体の印象では、かつての都市スラムといった環境はなく、その後の都市開発などで、住宅環境は大きく改善されていた、ということです。

ただいくつかの部落ではまだ不良住宅が目立ち、とりのこされているという印象の部落もありました。その中で、大震災による住宅被害が確認できたのは、福島県白河市、宮城県仙台市の部落でした。どちらも、一戸建ての持ち家です。

白河市の部落では、大きな居宅兼作業倉庫の屋根やカベが大きく崩れていました。その家の人に話を聞くと、「すさまじく揺れた。今も余震が続いているので直せない」と言っていました。この部落では村の中に白山神社があるのですが、そのカベも崩れ落ちていました。

仙台市の部落は一〇〇戸ほどの大きな部落で、混住がすすんでいます。ここでは四、五軒の家の屋根が壊れ、ブルーシートがかかっていました。ちょうど屋根の修理工事をしている家もありました。

古い不良住宅が多かったのは、福島県会津美里町のA部落、山形県鶴岡市のB部落です。どちらも川沿いにあり三〇〜四〇戸の部落ですが、地区の中の道は狭く、行き止まりも多く、新しい家と混在しています。「地震の被害はなかった」と地元の人は言っていました。

住宅の問題で私が怒りを覚えたのは、山形県米沢市のC部落に建てられた改良住宅です。

ここは一二〇戸と大きな部落でした。六七年の調査では「地区内には道路と名のつくものはなく、水道施設も下排水設備もなく、不良住宅の密集は原始的生活を思わせる実態」と書かれています。

一九六九年に住宅改善要求運動が起こります。これに押されて市は土地を買い上げ、同和対策事業として国の補助金も使って土地区画整理を進め、改良住宅も建てました。また隣接して一般の市営住宅六棟も建てました。

改良住宅は七二戸なので、部落の全員は入れませんでした。市は残りの部落の人たちを一般市営住宅に入れず、川の対岸のゴミ捨て場を埋め立てた場所に、二〇戸を移転させたのです。そこは土を掘るとゴミが出てきて、夏はメタンガスに悩まされるような場所でした。

今回、私はまず改良住宅を訪ねました。リフォームしたばかりらしく、改良住宅も一般市営住宅も外観はきれいでした。

しかし住宅の中を見ると、その違いにがく然とし、差別行政に怒りが湧いてきました。一般市営住宅は南向きで、各階が六世帯分あり、建物の両側に窓があります。これに対して改良住宅は西向きで、中にはいると、各階は真ん中が廊下で仕切られ、各部屋は廊下の西側か東側に並んでいます。つまり一般市営住宅の半分で、窓も西側、あるいは東側の一方向にしかありません。なぜこんなひどいことができるのでしょうか。

川の対岸の移転場所も訪れました。土手沿いに二五戸ほどが並んでいるのですが、ほとんどが老朽住宅です。空き家になって朽ちている家もあります。道は途中でなくなっています。四〇年前の差別的な移転政策が、現在にも引き継がれていることを感じました。

東北の部落を訪ねて、地元の住民が中心となった自主的な解放運動、住宅闘争がいかに必要であり、大事なことかを、あらためて思いました。

（同和住宅家賃値上げ反対全国連絡協議会　茨城）

居住権のための闘い

千田靖子

国際人権条約・社会権規約第一一条「居住の権利」は、阪神淡路大震災のとき、被災者の救援活動に入ったひとりの法律実務家の献身と苦闘の中で発見された（熊野勝之編著『奪われた「居住の権利」——阪神大震災と国際人権規約』エピック社、一九九七年）。

七年後の二〇〇二年、小泉政権のもと、法務省法制審議会は、規制改革会議（森ビル森稔、オリックス宮内義彦、リクルート河野栄子、ゴールドマンサックス村山利栄ら）と御用学者（八田達夫、福井秀夫ら）の圧力に屈して、建替え要件から老朽化等のいわゆる客観的要件を削除のうえ、多数決のみで建替えられるとする区分所有法の改正案を国会提出した。また法務省は、ヒアリングで要望があったと称し（議事録はない）、法制審議会に諮ることなく団地一括建替え条項を追加した。

法改正の狙いは、まだ十分に住める建物をも建替えの対象とすることで、マンション・団地の建替えを促し、不況にあえいでいた建設・不動産業界を救い、景気を浮揚させることにあった。公による地上げ奨励法である。

分からないのは、立法過程・立法内容ともにこれほどハレンチな法改正について、憲法学者・民法学者からも、マンション関連の学会・団体からも、本格的な批判がほとんど出されなかったことである。政官業学メディアにまたがる土建屋ムラの面々。

二〇一一年九月になって初めて、在野の憲法学者遠藤比呂通が改正法を正面から批判した(『人権という幻――対話と尊厳の憲法学』勁草書房、二〇一一年)。

千里桃山台事件一審判決(裁判長村岡寛)は、立法・行政にシッポふりふり、地上げ奨励法を「社会経済政策」と持ち上げ、開発業者による居住権剥奪を「公共の福祉」のために許されるとした。

二審判決(裁判長小田耕治)は、高齢病身控訴人の居住権保障の訴えと引っ越しが肉体的に困難であることの診断書に基づく主張を「こじつけめいたもの」と切って捨て、自決の勧めと受け取れるような文言を連ねた(そのくせ小田は、沖縄集団自決訴訟ではイソイソとノーベル賞作家を勝たせた)。

最高裁判決(裁判長甲斐中辰夫)は、どこも悪くない千里桃山台第二団地住宅があたかも老朽団地であるかのように細工を施したうえで、居住権の主張に対して、「論旨は、違憲及び理由の不備をいうが、その実質は単なる法令違反をいうもの又はその前提を欠くものであって、民訴法三一二条一項及び二項に規定する事由のいずれにも該当しない。」と違法マニュアルどおりのガラパゴス判決をなぐり書きした。少数意見はない。

広辞苑(第六版、二〇一一年)は居住権を「〔法〕建物の所有者や賃借人の死亡後も、その相続人でない同居者が引続きその建物に居住しうる権利。借地借家法(三六条)で例外的に認められている以外、**一般的に居住権を認める法規はない。**」と定義する。執筆、校閲に協力した専門家は、御用学者長谷部恭男東大教授を含む七名。

残念ながら、居住権を基本的人権と定義した辞書はまだ知らない。居住権のための闘いの前途は、かくして、洋々と広い。

ご一緒に力を合わせてがんばりましょう。

(千里桃山台所有権移転登記手続等請求事件被告強制立ち退き生存者、損害補填契約無効確認請求事件原告)

千里ニュータウン再生事業と居住の権利

喜田康子

千里ニュータウンは都市の勤労者に快適な住環境をもたらすために造られた、日本で最初のニュータウンです。私が住み始めたのは一九八〇年ごろからですが、緑が多く府営住宅、公社・公団、社宅、戸建からなるのどかな住宅地でした。しかし、交通の便が良く、恵まれた自然環境と、ゆとりある街並みに目を付けた不動産業者によって、高級住宅地化が進行していきました。

一〇年ほど前に、わが家の北に位置する桃山台第二団地に建替え計画が起きているらしいという情報がもたらされました。しかし、最初は樹木が鬱蒼と生い茂った、三八〇戸もの団地を建替える計画に実感が湧かず、果たして実現出来るのかと半信半疑でいました。桃山台三丁目自治会の中に、団地の建替え問題に関する部署が作られ、当事者として建築家である夫が参加することになり、「三丁目住環境を守る会」が誕生しました。

吹田市は千里ニュータウン再生の名の下に、市民の意見も取り入れて平成一六(二〇〇四)年六月に「千里ニュータウンまちづくり指針」を作り、七月から条例化することによって乱開発に一定の歯止めをかけようとしました。

「守る会」も「まちづくり指針」を守った建替え計画を要望していましたが、法定建替えの推進決議以前になされた、全員合意による建替えの事前協議の駆け込み申請によって、超高層過密の七九八戸の大規模マンション計画が実現することになったのです。

一方団地内では、建替えに賛同しなかった人々に対して、売り渡し裁判が起こされていました。団地の情報を得るため、「千里桃山台裁判」の傍聴と支援者の交流会に参加して、「居住の権利」の闘いをしている人々と出会い、本当に目から鱗が落ちた思いでした。阪神大震災の被災マンションや、団地の建替えで住居を奪われた人々の話を聞いて、「居住の権利」は「生きる権利」であることを学びました。それまで漠然と感じていた日本の住宅問題の本質に触れた気持ちがしました。

戦後日本は、経済発展のために住宅政策を利用してきましたが、経済活動は人間を幸福にするための手段にすぎず、住居は経済発展や活性化のための道具ではありません。病気や失業による経済的困難で簡単に住まいを失ってしまうような社会では不安ばかりが増していきます。非正規雇用が三割を占め、少子・高齢に加えて独身の単身世帯が増加し、貧困率も高くなっている現在で、社会を崩壊させないためには、コミュニティを育み安心して住み続けられる住宅が本当に必要です。

画一的、人工的だった千里ニュータウンも四〇年の歳月で木々が豊かに生い茂る特徴的なまちの風景を作り始めています。そこに住み続けたいと願う人々の「居住の権利」を守り、コミュニティを大切にしながら街の活性化を図ることこそが真の再生ではないでしょうか。今回の建替えで千里ニュータウンに負の遺産を作ってしまったことが残念でなりません。

（千里桃山台行政訴訟原告）

「水上バラック」の住人たちの老後

李博盛

日本の敗戦後、日本に住んでいた朝鮮人が半島に帰るため博多港に集まり、半島からの引揚者を乗せた船の折り返し便に乗る順番を待った。順番待ちをしている間の住まいとして、博多湾にそそぐ石堂川の河口近くの河岸に水上バラックが建てられ、一九六〇年代に移転先として公営住宅が準備され一九七〇年代に撤去されるまで、定住を余儀なくされた朝鮮人たちが集落を形作っていた。水上バラック集落の住人は、豚を飼い、ドブロクを作り、また、廃品を回収して生計を立て、年を重ねるうち、集落はひとつの共同体として生活を守るための自治も生まれたという。

今は、写真でしか見ることができなくなったが、博多で育った私の記憶の中では、水上バラック集落だけが戦後の復興から取り残され、周りの街並みが新調されていくたびに、バラックに向けられてきた差別性が際立っていくのを感じたものだ。

二〇〇七年九月に福岡で提訴された在日コリアン高齢者無年金差別国家賠償裁判で、敗戦後の福岡の在日コリアンの生活状況を裁判所に分ってもらうため、水上バラック集落の研究をした関西学院大学の島村恭則教授の本（『〈生きる方法〉の民俗誌』）と集落の写真を証拠として提出した。

年金差別だけでなく医療保険や子育て支援の他国籍条項により公の住居制度からも排除された在日コリアンにとってその住まいを確保することは難しく、

表　国籍を理由に公的制度から排除された期間

医　療	国民健康保険	1958 ← 約 10 年 → 1970 代
子育て	児童手当	1971 ← 11 年 → 1982
住　居	地方住宅供給公社	1965 ← 14 年 → 1979
	住宅都市整備公団	1955 ← 24 年 → 1979
	住宅金融公庫	1950 ← 29 年 → 1979
	公営住宅	1951 ← 28 年 → 1979
	← 水上バラック集落の形成 →	

写真　石堂川河岸のバラック集落（1961 年 3 月、西山夘三氏撮影）

水上バラック集落での生活を余儀なくされたのだ（表参照）。国籍条項は一九八〇年代までに撤廃されていったが、高齢者の無年金問題は解決していない。

戦後から一九八〇年代までの間に、制度的社会的差別が最も厳しい時代に結婚し家族を養い、河岸の水上に押しやられて生きた世代の人たちが、老後においてもなお差別に苦しめられているのだ。

（弁護士）

憲法理念の具現化こそ

中村益行

甲子園の熱戦に、今年はいつになく東日本勢を応援している自分に気付く。ふと、こんな短歌が目にとまった。

かりそめに死者二万人というなかれ
親あり子ありはらからあるを
長谷川櫂

作者は熊本県生まれで俳壇を代表する俳人である。震災で命をうばわれた人達には、一人ひとりに愛する肉親があり、暮らしの団らんもあった。その計り知れない悲しみも、無機的な数字で一括りにしてしまえば現実感が薄れてしまう。想像力に乏しいわれわれは、こんなかたちでひとの存在を埋没させ、人間を冒瀆しているのかも知れない。

生き残った人びとも家を失い不便な避難所暮らしを強いられており、病弱の人やお年寄りの皆さんがとても気がかりである。家はあっても原発事故で故里を捨てて流浪の暮らしをせざるを得ない人達の悔しさが思われてならない。国はすべての被災者に一刻も早く、健康で文化的な最低限の生活を保障すべきだ。震災は、住居が生存権そのものであることを如実に教えてくれている。

ひるがえって同和住宅問題を考えるとき、こちらは人災だと言うべきだ。入居者がおかれて来た社会的な立場を考慮することなく、生存権を軽視するような応能応益論の押しつけは冷たすぎる。

もともと同和住宅には永きにわたる差別に対する賠償的意味合いもある。それを一般公営住宅と同列に考えるところに基本的な誤りがある。差別の現実を無視して近傍同種の家賃並みにせよと言う。どうやら同和地区の人たちには憲法第二五条の理念は無縁だと言うに等しい。でも、私の町では「部落差別があるかぎり同和行政は継続していく」として、同和住宅の家賃も据えおいている。

貧困な政治によって格差は広がるばかりである。ホームレスの人たちが街にあふれ、その上震災で家を失った人々の群れがある。こんなときこそ社会の矛盾が集中している「部落差別の現実に深く学ぶ」べきではないか。住宅問題はその視点からの世直し的意味合いもあるのだ。

わが町では、ある町議が「いつまでも同和行政を続けるな、差別の固定化になる。部落があるから差別がある。対象となる部落をなくせば差別しようにもできなくなる」と、差別心むき出しの主張をくり返している。

あろうことか差別の原因を被差別部落の存在自体に求めていて許せない、部落差別はそんな偏見の産物なのだ。原因と結果をすり替えての、被差別者自己責任論は家賃値上げを強行する行政の意識構造と相通ずるものがある。憲法理念を具現化する「同和」施策こそ震災後の指針となるべきだろう。


（熊本県山都町議会議員）

弾圧との闘い

永嶋靖久

寝屋川の同和住宅家賃裁判が闘われていた二〇〇三年五月、裁判の原告になっていた住民やともに闘う全国連の寝屋川支部が弾圧を受けた。

事件にされたのはこういうことだ。支部の執行委員が勤務先の会社を労災で休むと、課長がやって来て解雇を告げた。支部の仲間に相談して、法律では三〇日前に解雇を予告しなければ三〇日分以上の平均賃金を解雇予告手当として支払う義務が会社にあるとわかった。彼が支部長たちと四人で会社に行ってその話をしたら、会社は法律に従って解雇予告手当を払った。ところが、それを知った警察がわざわざ会社に行って被害届を出させて四人を逮捕したのだ。四人が「手当払わんかい、労基署行こか、会社どうなってもええんか」などと言ったのが恐喝だとされた。

逮捕されてほぼ一年、二〇〇四年五月に無罪判決がでて、検察は控訴も出来ずに無罪が確定した。

起訴されたみんなも支援者も、正当な要求や、どこが悪い、そう言って争った。裁判が始まる前の勾留理由開示という手続では、傍聴席の何倍もの支援者が裁判所の廊下中にあふれて、四人を傍聴人が大声で励ました。裁判官が止めても激励がやまないので、傍聴人を警備担当者が五、六人がかりで、引きずり出そうとする。傍聴人は全員立ち上がり、警備担当者の上に折り重なる人もいて、結局退廷させられなかった。法廷で、四人は何も悪いことしてないやないか、逃げも隠れもせえへんやないかと、裁判官に向かって言い続けた。支部長は検察官に「謝れ」と叫び続けた。裁判は、毎回毎回、大阪地裁で一番大きい法廷をいっぱいにした支援者の監視のもとで進んだ。自分たちは悪いことはしていない、という確信は裁判所にも伝わったはずだ。無罪の理由は、ちょっと行きすぎた言葉もあったけれど、会社は理由もない解雇をしたのだからそれくらい言われてもしかたない、というようなことだった。

闘えばいつでも勝てるかというと、そう簡単でもないが、そもそも自分が確信を持てないようでは勝つのは難しい。そして自分たちだけでなくて、仲間を増やすこと、理解をしてくれる人を増やすこと、さらに、警察のすることに間違いはない、国の言うことに間違いはない、と思う人を減らさないといけない。ただ、事件が大事件になればなるほど、向こうも力が入っているから大変だ。今、同和住宅をめぐって、国がしているのは、住宅に対する責任を一切持たない、ということだ。頑張ろう、というだけでは難しい。けれど、頑張らないと勝てるはずもないわけで、問題はどこをどう頑張るか、そこをしっかり考えたい。

（二〇〇九年六月二八日開催の兵庫住宅シンポジウムでの発言を要約した。）

（弁護士）

「権利としての共同住居」を守る闘いをした学寮時代を思い出して

戸田ひさよし

同住連の運動を知る中で、私は四半世紀以上前の自分の学寮闘争を思い起こすようになった。もちろん学生寮の闘争など、「特権的な学生サン達」の部分的で一時的な闘争でしかないだろう。

しかし絶えざる大衆闘争の積み重ねによって「権利としての格安な住居と設備の改善」を勝ち取り、寮自治会という自治組織を形成して当局との交渉・闘争にあたり、入居の許可と退去処分の執行権（入退寮権）を大学当局ではなく寮自治会が持つ「自治共同体」を、戦後の国公立の学寮の多くが持った事の意味は小さくないと思う。

一九七四年に阪大鴻池寮に入った私は、世間同様に「学寮は大学が作った大学管理の施設」だと思っていたが、戦後の学寮の大半は混乱期の中であれこれの施設を転用したり学生が占拠したりして始まり、寮自治会闘争によって改築や新設を勝ち取っていったものだった（鴻池寮の場合は陸軍病院の転用の危険建設物で、七四年秋に新寮に建て替え移転）。

電気代から電球ひとつに至るまで、全てに闘争の歴史が刻まれていた。ちなみに七四年当時、阪大の学費が年三万六〇〇〇円、寮費が月一〇〇〇円、下宿代が月二万円前後だったと記憶する。

強烈な自治意識と「人民大衆のための大学と学生」を旨とする学寮は学生運動の一大基盤でもあるから、日帝政府はこれを圧迫する。それは大学当局の管理強化、寮自治権の否定と剥奪攻撃、受益者負担イデオロギーの強制と一体の寮生負担強化、共同性剥奪の設計思想（個室制・寮食堂や集会室の廃止等）から学寮の廃止にまで至った。

七三年の受益者負担・水光熱費値上げ問題以来、度々の教養部バリストなど寮闘争が激化し、三里塚現地実力闘争へも参加した阪大三寮の場合は弾圧も激化、七六年から入寮募集停止と自主募集が続く中で寮生の減少、女子寮の七九年強制排除と閉鎖、宮山寮の八二年電気ガス停止・八三年春強制排除と閉鎖、鴻池寮の八三年末強制排除閉鎖へと進んだ。

二寮は各閉鎖二年後に、完全個室制・食堂集会場無し・自治会無し・訪問者は面会室のみ可の「監獄寮」となって再開されたが、私の鴻池寮は完全廃止で、二年後に留学生宿舎に転用されてしまった。

こうして私の全学生時代を賭けた青春の住みかは消滅した。闘い抜いた誇りはあるが、「権利意識と運動の歴史を共有する学生」も、学生の中での非富裕層も激減して寮生の存在が年々別世界化する状況を打破出来なかった事と、下宿生との住宅問題共闘を全く志向せず、「寮生は恵まれすぎている」という意識分断に対処できなかった事は残念だ。

「滞在期間が短い」学生では仕方なかったかもしれないが、一生を背負う社会人の住居問題を考えるに当たっては、権利意識の共有と分断工作への対処は重要な課題であろうと思うこの頃だ。

（門真市議会議員）

部落差別を後世に伝えるために、各地元に「被差別部落ミュージアム」を！

桂　良太郎

被差別部落と「地元学」と出逢い

私は、一九九七年の大阪市立大学大学院の聴講生時代に、山本登先生たちと大阪府和泉市にある被差別部落を見学した。そのときのショックは今でも鮮明に残っている。私はその前に二〇歳の誕生日をカナダ・ブリティッシュコロンビア州のヴァンクーバー島にある、ヌートカ族のユークレットインディアン居留地で（いまではインディアンという表現からファーストネイション〔先住民〕と変えられているが）迎えている。それ以来人間はどうして差別を行うかの研究を行ってきた。その後大学院に進んで「福祉学」と出逢ったが、残念ながら、基本的な差別構造は根本的に改善できたとは言い難い状況下にある。今回の原発と津波大震災の被害者への「風評被害」をとっても、その問題がいかに改善されてこなかったかという証拠の一つでもある。

私が現在もっとも関心をもっている学問分野は「平和学」と「地元学」である。まず「平和学」であるが、六年前に立命館大学の国際平和ミュージアムの副館長として呼ばれたことがきっかけで、「平和学」にまつわる研究と出逢うことができた。そして「地元学」は日本居住福祉学会との出逢いからである。

各地元に「被差別部落ミュージアム」を！

私が居住福祉学会と出逢えたのは、（社）奈良まちづくりセンターの理事になり、「まちづくりは居住問題から」を掛け声に、「安心」「安全」「安楽」に居住福祉環境をつくりあげることがまちづくりであることに気が付き、まず奈良町の居住問題について、平成元年に神戸から奈良に移り住んだのをきっかけに研究をはじめた。奈良町の研究の一方で、アジア、とりわけ東南アジアの歴史遺産都市の保全にも関心をもち、一九九四年から九五年の一年間を国立シンガポール大学にて、アジアの都市保全と居住問題に関する研究をはじめた。今では、立命館大学の国際平和ミュージアムを拠点に、世界の平和博物館とネットワークを広め、世界中から、居住こそ世界平和構築の要として平和研究教育活動に邁進している。「福祉学」に芽生え、「平和学」と出逢い、いまそれら二つの学問をむすびつけることができるのは、どうも「地元学」なるものではないかと思っている。あの悲惨な公害問題からいまではすばらしい里山保全やまちづくりを成功裡に導いたのは、吉本哲郎氏たちの次世代の子供たちや地元住民を主人公にした、地元の宝もの発見学としての一連の「地元学」の営みである。今回の大震災も復興の主人公はまさしく被災した住民でなければならない。

かつて山本登教授との和泉市にある被差別部落をおとずれたが、今は当時の面影はほとんど感じさせないくらい、近代的なアパート群に整備されていた。かつて、水道やガスすらとおっていなかった被差別部落が超近代的なビル群に姿を変えていた。しかし根本的な問題はなにも解決されていない。私が味わったショックを伝えるための記念館としての「被差別部落ミュージアム」をぜひとも次世代の人々のために各地元で創設してほしい。

（立命館大学国際関係学部教授、元国際平和ミュージアム副館長）

資料と研究

小椋孝士

過去帳を中心とする寺の記録は、先祖を知ることのできる、有力な資料である。つまり、幕府が崩壊しても、ポツダム宣言を受諾しても、寺は残り、檀家との関係が続く。現在、寺と檀家の結びつきは、儀礼的な習俗となっている感さえあるものの、寺の記録は古く、檀家にとっては、先祖を知る有効な手がかりの場でもある。つまり、寺の記録は、過去と現在・未来を直接つなぐ、時空を超えた、重要な資料である。

図1は、兵庫県の母体となった、播磨国の信仰状況を、官の眼で概観したものであり。**図2**は、実態報告を基とする、資料である。明治末期から大正期にかけて、全国的に、各地の市町村史や郡誌が編纂された。**図2**は、明治初期の府県史料を基に、これらの兵庫県下で編纂された郡誌に基づいて整理した、現実の姿である。

図1では、天台・浄土・真言・禅・時宗・日蓮宗と序列があり、最後に一向宗というのが、徳川時代の定式。明治の新政府も、これをそのまま踏襲した。これによると、播磨国では、五五％の寺院が、天台・浄土・真言の三宗派で占められている。中でも顕著なのは、浄土真宗に対する扱いである。**図2**のように、政府に報告されている寺院のうち三九％の寺院が、浄土真宗に属している。ところが、**図1**に明示される、官の感覚・官の眼では、八％の宗教勢力として整理されているにすぎない。

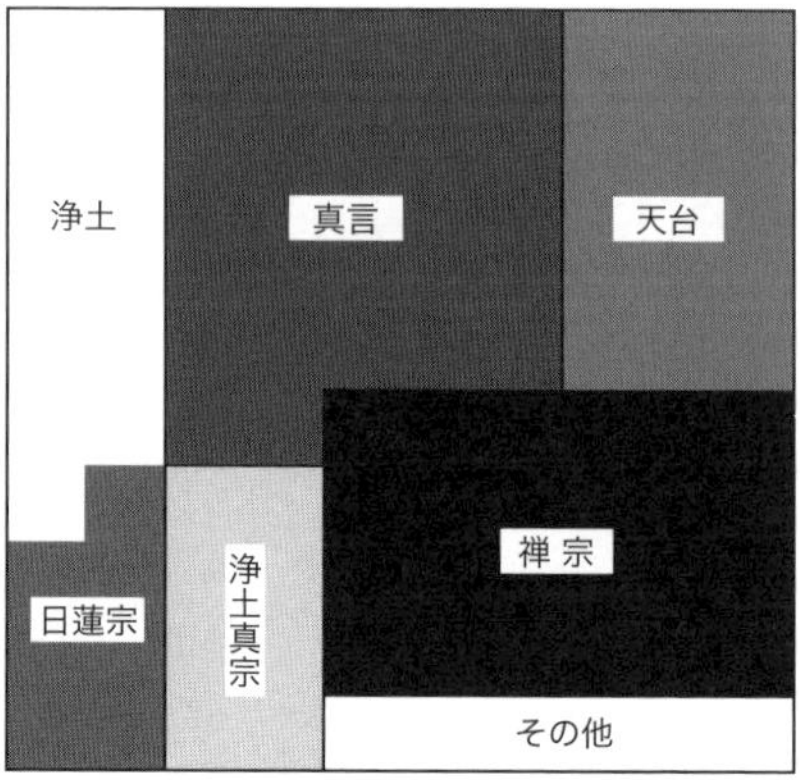

図1　播磨鑑　宗派および寺院分布

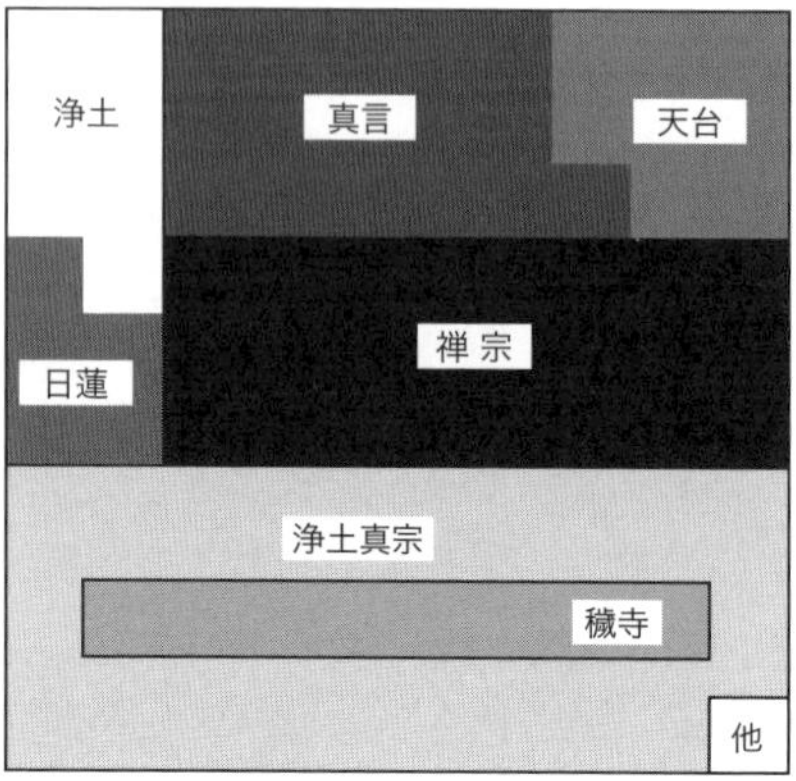

図2　播磨国　宗派および寺院分布

『播磨鑑』は、近世江戸期の播磨国を概観する、手ごろなガイドブックである。ところが、当時の編集者の眼には、そこに生きている人々の実態が、全く見えていない、或いは、見ていない。このガイドブックには、三〇〇を超える寺院について概観し、詳細・正確な記述が認められる。ところが、浄土真宗寺院の中で、被差別部落民のみを檀家とする、穢寺の実態について、一言も触れていない。現在、江戸期に作られた穢寺は、播磨国一国で、道場を含め一六〇カ寺超（丹波・但馬国を含まず、西本願寺系のみ判明）が確認されている。

今日、部落問題に関する発言は多い。しかしながら、その論拠となる資料は、そもそも何なのか。「差別」なり、部落問題に固有な「聖なるものと穢なるもの」を分ける論拠を問うとき、表面的な概観では、問題の本質に迫れない。研究者の力量が、厳しく問われている。

（関西大学非常勤講師）

住宅闘争は正義の闘争

李金異

応能応益制度は、日本の部落階層に対する差別の根本的な侵害です。私たちは日本政府の住宅に関する政策に対して、一三年前から市営住宅の応能応益制度に真正面から反対運動を展開してきました。私たち福島・都・小河内の人たちの住まいは、己斐川の拡張工事に伴う（太田川放水路）工事によって、自分たちの持っていた家や田畑を提供して代替としてもらった住宅であり、四〇年という長い期間低家賃で住んできたし、市もそれを当然として私たち住民が持っている権利を大事に履行してきました。ところが、一方的に公営住宅法が変わったといい、同和対策事業で建てられた私たちの改良住宅に対して応能応益制度を適用するという、許すことのできない不条理な政策を、有無を言わせず行なってきました。

今までは、三〇年過ぎると市の住宅を払い下げる、そして改良住宅も七年間の傾斜家賃で最高額を決め、それ以上は一切値上げしないとの約束も破り、私たちに対して市営住宅の明け渡しを求めてきました。私たちの住宅は同和対策事業で建てられたもので、差別がある限り収入に合った安い家賃で住む権利が四〇年にわたる期間の中で培われてきました。福島・都・小河内の市営住宅に入居している約半数が、朝鮮・韓国人です。日本政府は、三五年間朝鮮を植民地にしてきた歴史があり、第二次世界大戦の戦後補償も朝鮮人に対する差別問題も、何らしてきませんでした。これらのことを顧みて、私たちの住宅問題はもともと我々下級階層に対する弾圧だと思っています。

だから私たちのこの問題は、まさに正義のたたかいです。五〇年という歳月を自分の権利として、堂々と主張し、守り、団結して勝利することは当然のことです。行政側は住宅を明け渡せと裁判で要求してきましたが、住民には権利があると言ってこれを却下しました。また継承ができなくなっていた一五軒の人たちに対しても、二年半に及ぶ長い期間の粘り強い行政との交渉で、これを覆し、継承を受け入れました。家賃も従前家賃と変わらない人たちもたくさんいました。私たちが要求していた、払える家賃にしろということが実現しました。

市側は明け渡しを要求し、高額家賃を請求しましたが、みんなの団結で私たちは大勝利をしました。弱い立場の私たちが手をつなぎ団結し、正義のたたかいを粘り強く継続していけば、必ず勝利します。これからも公営住宅に住んでいる人たちと支部の住民たちと団結して、応能応益を粉砕するためにともにたたかって勝利していきましょう。

（福島・都・小河内地区住宅家賃値上げに反対する住民の会　原告団代表）

「闘えば成果あり！」「闘わずして勝利なし！」住宅闘争を教訓に

大橋浩治

一九八〇年代以降、欧米をはじめ日本においても新自由主義（市場原理・規制緩和・民営化など）が、さらに格差社会を拡大させ、今や非正規労働者は一〇〇〇万人を超え、年収二〇〇万円以下の労働者が増え続けています。その引き金となったのが、紛れもなく中曾根政権による臨調行革路線であると思います。この改革の柱は、「増税なき財政再建」と称して特殊法人の整理・民営化することが方針化され、三公社（国鉄・専売公社・電電公社）の民営化が強行されました。中曾根元首相は、後に「総評の中心である国労を崩壊させるため、意識的に国鉄分割民営化を行った」と、テレビインタビューで国家的不当労働行為を公言したのです。財政再建の真の狙いは、闘う労働組合を解体し大幅な規制緩和と民営化すること。大資本の利潤追求のために労働者を分断し非正規雇用化することにあったのです。

部落解放運動をはじめとした同和住宅家賃値上げ反対運動や反原発運動、あらゆる住民運動も例外ではなく、大資本優先のために切り捨てられているのです。

私たちは、今こそ憲法第二五条の「生存権」を守るための大運動を巻き起こさなければならないと思います。人間の「生きる権利」は最も基本的な権利です。その中で「居住」は基本中の基本であり、ある日突然、法律が変ったからといって、追い出しを強制されるいわれはありません。しかも先祖代々、受け継いだ土地や家屋、生まれ育った家を部落差別をなくすために提供し、建て替えられた住宅を国や行政のえて勝手で、家賃値上げや所得が多い理由で追い出しを受けることなど、許されるべき問題ではありません。

奈良市においては、一九九八年四月「新公営住宅法」で同和向け公営住宅に対し、「応能応益制度」を適応し、最高一〇万円を超える家賃を請求してきました。それ以来、家賃を供託し一〇年に渡って裁判闘争が闘われましたが、二〇〇六年に住民側敗訴が確定しました。

二〇〇七年五月、家賃支払いについて市当局と住民との話し合いの最中に、給与の差し押さえを強行しました。市職員を中心に、市当局は「見せしめ的」に市職員を中心に、給与の差し押さえを強行しました。市職員の中に労働組合員が含まれていたこともあり、労働組合としても国や行政の差別的取り扱いを許さないために支援・連帯して取り組むことを機関決定し、市長宅へのデモや要請行動、団体交渉などを共に取り組みました。そして、ついに調停闘争で「払える家賃」の設定を勝ち取り、さらに組合員の家賃値上げ分の二年間の住宅手当を遡及させることができました。この間の闘いの中で教訓になったことは、「闘えば成果あり！」「闘わずして勝利なし！」ということがハッキリしました。奈良市では、今後、所得超過者に対しては追い出し攻撃と地区改良住宅にも「応能応益制度」を適応しようとしています。引き続き住民との団結を強化し闘う決意です。

「正義は我が手に!!」

（奈良市従業員労働組合）

住宅追い出し阻止のために全国のご支援を

東口　博

住宅追い出し阻止裁判は、いよいよ第一審の判決が一一月一五日に指定された。西宮市の住宅追い出しとたたかう当事者を代表して、みなさんにアピールを送りたい。

一九九九年一一月、市営改良住宅の応能応益家賃制度に反対して西宮市を被告にして提訴をし、二〇〇四年五月二七日、一審では完全に勝利した。その後、訟務検事を送り込むという国の圧力に、裁判所は基本的に屈し、二〇〇六年最高裁で住民敗訴が確定した。係争は長期にわたり、その間の西宮市行政が「滞納」とみなす家賃を口実に「住宅を明け渡せ」と裁判を起こしてきた。

私たちが一一年前から警告してきたとおり、応能応益家賃制度の導入以来、芦原地区でも若い世代がどんどん転居し、お年寄りが増え、改良住宅建設の歴史的経過を知らない人が入居してきている。西宮市職員もまた同じく、改良住宅の建設の時に、住民とどういった約束がかわされたかをまったく知らない職員ばかりが目立つようになってきた。

部落差別は国が創設したもので、国の責任で差別は撤廃されなければならない。改良住宅は部落差別撤廃のために、運動の力で建てさせた住宅であって、その住宅から追い出すことなど絶対に許されない。

私たちはこの二年、改良住宅からの追い出しをやめさせるために様々な取り組みを行ってきた。特に、兵庫の被差別部落を対象にしてキャラバンを行い、住宅追い出し反対の署名をお願いにまわったら、声をかけた住民は基本的にすべて快く署名に応じてくれたことは記憶に新しい。また、西宮市議会に対するデモ、裁判所に対する集会・デモなども随時行ってきた。本日二回めの裁判所糾弾のデモを終えてこの原稿を書いている。

私たちの主張は単純明快で、裁判の争点自身もそんなに複雑なものではない。家賃値上げ反対のたたかいが非常に長期化したので（それほど重大かつ複雑な問題だったということだ）、その間の家賃の差額を他の市町同様、本人たちの支払い能力に応じた期間での支払いを求め現実的に問題を解決しようとした、ただそれだけのことである。事実、西宮市以外の地方自治体は、長期分割を認め現実的な解決の途につこうとしている。唯一西宮市だけ、「三年以内に全額支払え」という態度を崩さず、あろうことか住宅の明け渡しまで求めてきたということだ。西宮市が固執する三年という期間に憲法・法律はもとより、条例にすらその根拠はない。私たちの住宅が奪われるかもしれないという大問題が、法律・条例に根拠のない勝手な取り決めで執行されようとしていることに本当に怒りを感じる。

わたしたちは一審判決での勝利を信じてやまない。しかし、いずれにしても舞台は大阪高裁に移るだろう。本日より、控訴審にむけての新しいカンパのお願いも開始したので、全国のみなさんにもぜひともご協力とご注目をお願いしたいと思う。

神戸地裁尼崎支部の揖斐潔裁判長は二〇一一年一一月一五日、私たち全員に「改良住宅を明け渡せ」との許し難い判決を出した。第一回控訴審は、四月二五日から大阪高裁にて開始されることになった。これからもぜひともご支援をお願いします。

（芦原地区自治会連合　会長）

執筆者紹介（執筆順）

岡本祥浩（おかもと・よしひろ） 1957年兵庫県生。神戸大学大学院自然科学研究科修了。中京大学教授。居住福祉政策。

位田 浩（いだ・ひろし） 1963年滋賀県生。京都大学法学部卒業。弁護士。

田代菊雄（たしろ・きくお） 1940年鹿児島県生。東北大学大学院法学研究科修了。ノートルダム清心女子大学名誉教授。社会福祉学。

吉田徳夫（よしだ・のりお） 1950年大阪府生。大阪大学文学部卒業。関西大学法学部教授。歴史学。

三浦たけお（みうら・たけお） 本名・三浦健男。1947年大阪府生。美容専門学校卒業後ロンドンへ美容留学。大阪府守口市議会議員。

井橋昌夫（いはし・まさお） 1955年茨城県生。武蔵大学社会学部卒業。部落解放同盟全国連合会茨城県連書記長。

千田靖子（せんだ・やすこ） 1937年岐阜県生。奈良女子大学英語英文学専修科卒業。アメリカ文学。

喜田康子（きだ・やすこ） 1955年兵庫県生。立命館大学産業社会学部卒業。日本居住福祉学会会員。

李博盛（り・ぱくそん） 1962年岡山県生。九州大学法学部卒業。弁護士。

中村益行（なかむら・ますゆき） 1933年熊本県生。熊本県立高校卒業。熊本県山都町議会議員（常務常任委員長）。同和対策審議会長。

永嶋靖久（ながしま・やすひさ） 1955年大阪府生。京都大学法学部卒業。弁護士。

戸田ひさよし（とだ・ひさよし） 本名・戸田久和。1956年秋田県生。大阪大学人間科学部卒業。大阪府門間市議会議員。

桂良太郎（かつら・りょうたろう） 1950年大阪府生。関西大学大学院社会学研究科修了。立命館大学国際関係学部教授。家族福祉政策・国際福祉・平和学。

小椋孝士（おぐら・たかし） 1943年岡山県生。関西大学法学部大学院前期課程修了。関西大学法学部非常勤講師。日本法制史。

李金異（い・くみ） 1942年広島県生。中学校卒業。

大橋浩治（おおはし・こうじ） 1961年奈良県生。奈良県立短期大学商経学部卒業。奈良市従業員労働組合執行委員長。

東口 博（ひがしぐち・ひろし） 1952年兵庫県生。芦原地区自治会連合会長。

編集代表

家 正治（いえ・まさじ）

1937 年京都府生。京都大学大学院法学研究科博士課程単位取得満期退学。神戸市外国語大学名誉教授，姫路獨協大学名誉教授。国際法。同和住宅の家賃値上げ反対運動を支える会会長。主著に『非自治地域制度の展開』（神戸市外国語大学研究叢書）『国際紛争と国際法』（共著，嵯峨野書院）ほか。

編者紹介

早川和男（はやかわ・かずお）

1931 年奈良県生。京都大学工学部卒業。神戸大学名誉教授。生活空間学。主著に『住宅貧乏物語』（岩波新書，1979 年）『災害に負けない「居住福祉」』（藤原書店，2011 年）ほか。

熊野勝之（くまの・かつゆき）

1939 年香川県生。東京大学法学部卒業。弁護士。共著に『国権と良心』（新教出版社）『奪われた居住の権利』（エピック）ほか。

森島吉美（もりしま・よしみ）

1948 年京都府生。大阪外国語大学外国語学科修士課程修了。広島修道大学教授。ドイツ文学。主著に『クリュタイムネストラの死と再生』（広島修道大学研究叢書 40 号）ほか。

大橋昌広（おおはし・よしひろ）

1958 年奈良県生。奈良県立短期大学商経学部卒業。奈良市役所勤務。

「居住《きょじゅう》の権利《けんり》」とくらし

——東《ひがし》日《に》本大震災復興《ほんだいしんさいふっこう》をみすえて——

2012年3月30日　初版第 1 刷発行©

編集代表　家　正　治

発 行 者　藤　原　良　雄

発 行 所　株式会社　藤　原　書　店

〒 162–0041　東京都新宿区早稲田鶴巻町 523

電　話　03（5272）0301

F A X　03（5272）0450

振　替　00160 - 4 - 17013

info@fujiwara-shoten.co.jp

印刷・製本　図書印刷

落丁本・乱丁本はお取替えいたします

定価はカバーに表示してあります

Printed in Japan

ISBN978-4-89434-845-5

洋の東西を超えた白熱の討論

グローバル化で文化はどうなる？
（日本とヨーロッパの対話）

EU・ジャパンフェスト日本委員会編
根本長兵衛監修

グローバル化・デジタル化は世界をどう変えるか。総勢十七名の世界的知性が一堂に会し、激変する文化状況を巡って徹底討論。

〈執筆者〉加藤周一／E・モラン／辻井喬／筑紫哲也／平田オリザ／黒崎政男／M・コンデ／三浦信孝／イ・ヨンスク／四方田犬彦／柏木博ほか

四六並製　二八八頁　二五〇〇円
（二〇〇三年一一月刊）◇978-4-89434-362-7

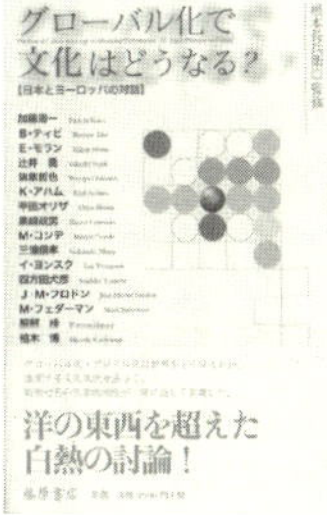

人権は普遍的なものか？

人権をひらく
（チャールズ・テイラーとの対話）

森田明彦

人身売買、虐殺など、現代世界にいまだ絶えることのない、人権侵害。他方、価値観の一方的な押し付けにもなりうる国家を超えた介入。こうしたジレンマの要因ともなっている、個人主義的な人権観それ自体を、テイラーとイグナティエフを手がかりに根底から覆し、人権の普遍性を問う。

四六上製　二八八頁　三二〇〇円
（二〇〇五年四月刊）◇978-4-89434-444-0

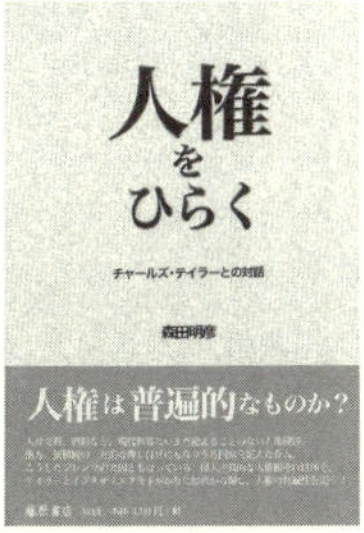

「この国の最底辺はいつまで続くのか」（髙村薫氏）

無縁声声〈新版〉
（日本資本主義残酷史）

平井正治
特別寄稿＝髙村薫／稲泉連

大阪釜ヶ崎の三畳ドヤに三十年住みつづけ、昼は現場労働、夜は史資料三昧、休みの日には調べ歩く。〝この世〟のしくみと〝モノ〟の世界を徹底的に明かした問題作。

四六並製　三九二頁　三〇〇〇円
（一九九七年四月／二〇一〇年九月刊）◇978-4-89434-755-7

争点の「年金」を本質から問い直す

別冊『環』⑨
脱＝「年金依存」社会

〈座談会〉「年金は必要か否か？」
神野直彦＋田中優子＋原田泰
（司会）田中秀臣
〈特別寄稿〉岩田規久男
〈寄稿〉高橋洋一／若田部昌澄／スティグリッツ＋オザーク／安達誠司／川井徳子／アグリエッタ／田中秀臣／中村宗悦／小峯敦／稲葉振一郎／藤森克彦／花田昌宣／森浩太郎／金子能宏／宇佐見耕一／大津定美／広井良典／原田泰／井堀利宏／小塩隆士

菊大並製　二五六頁　二八〇〇円
（二〇〇四年一二月刊）◇978-4-89434-422-8

障害児のお母さん、お父さんへ！

運命じゃない！
（「シーティング」で変わる障害児の未来）

山崎泰広

からだに障害があっても、よい姿勢をとることは可能です。姿勢が変われば、できることがどんどん増えます。変形などの二次障害の防止も可能です。「シーティング」を試してみませんか？　笑顔の人生のために！　「二次障害は運命ではありません」（著者）。

四六並製　二四八頁　一八〇〇円
（二〇〇八年五月刊）
◇978-4-89434-606-2

車いすでも、何でもできる

新版 愛と友情のボストン
（車いすから起こす新しい風）

山崎泰広

方法を変えれば、何でもできる！――この本を読んでいただくと、車椅子の生活となった十代の若者が、多くの人々の友情と愛情に支えられて楽しく生活しているのが分かります。

B6並製　三一二頁　一九〇〇円
（二〇〇八年六月刊）
◇978-4-89434-633-8

本当に安心できる住まいとは？

ケースブック 日本の居住貧困
（子育て／高齢障がい者／難病患者）

早川和男＝編集代表
岡本祥浩・早川潤一＝編

交通事故死者数をはるかに超える、「住居の中の不慮の事故死」は、なぜ生じてしまうのか？　乳幼児の子育てや、高齢障がい者・難病患者の生活に密着し、建物というハードだけでは解決できない、「住まい方」の問題を考える。

A5並製　二七二頁　二二〇〇円
（二〇一一年一月刊）
◇978-4-89434-779-3

身体化された社会としての感情

増補改訂版 生の技法
（家と施設を出て暮らす障害者の社会学）

安積純子・岡原正幸・尾中文哉・立岩真也

「家」と「施設」という介助を保証された安心な場所に、自ら別れを告げた重度障害者の生が顕わにみせる近代／現代の仕組み。衝突と徒労続きの生の葛藤を、むしろ生の力とする新しい生存の様式を示す問題作。詳細な文献・団体リストを収録した関係者必携書。

A5並製　三六八頁　二九〇〇円
（一九九〇年一〇月／一九九五年五月刊）
◇978-4-89434-016-9

日本型都市の創造への道

都市をつくる風景

〔「場所」と「身体」をつなぐもの〕

中村良夫

西洋型の「近代化」を追い求めるなかで、骨格を失って拡散してきた日本の都市を、いかにして再生することができるか。庭園の如く都市に自然が溶け込んだ日本型の「山水都市」に立ち返り、「公」と「私」の関係の新たなかたちを、そこに探る。

第32回国際交通安全学会賞受賞

四六上製　三二八頁　**二五〇〇円**
（二〇一〇年五月刊）
◇978-4-89434-743-4

「水の都」の歴史・現在・未来

「水都」大阪物語

〔再生への歴史文化的考察〕

橋爪紳也

文明の源であり、人間社会の生命線でありながら、他方では、人々の営みを一瞬にして破壊する恐るべき力ももつ「水」。水と陸とのあわいに育まれてきた豊饒な文化を歴史のなかに辿り、「水都」大阪再生へのヴィジョンを描く。

A5上製　二二四頁　**二八〇〇円**
（二〇一一年三月刊）
◇978-4-89434-791-5

〈品切書籍〉

日本人にとって宗教とは何か（丸山照雄）
四六上製 248頁 **2330円**（1995年6月刊）◇978-4-89434-018-3

震災報道いまはじまる——被災者として論説記者として一年（三木康弘）
四六上製 216頁 **1456円**（1996年1月刊）◇978-4-89434-031-2

別冊『環』⑦ 税とは何か
菊大並製 232頁 **2400円**（2003年11月刊）◇978-4-89434-363-4

政党と官僚の近代——日本における立憲統治構造の相克（清水唯一朗）
A5上製 336頁 **4800円**（2007年1月刊）◇978-4-89434-553-9

〈在庫僅少〉

震災の思想——阪神大震災と戦後日本（藤原書店編集部編）
四六上製 456頁 **3107円**（1995年6月刊）◇978-4-89434-017-6

対峙の倫理——日本の現在を生きる（丸山照雄・桑田禮彰）
四六上製 280頁 **2330円**（1996年2月刊）◇978-4-89434-032-9

穢土とこころ——環境破壊の地獄から浄土へ（青木敬介）
四六上製 280頁 **2800円**（1997年12月刊）◇978-4-89434-087-9

「人間の国」へ——日米・市民の対話（小田実＋D・デリンジャー）
四六変並製 328頁 **2400円**（1999年3月刊）◇978-4-89434-127-2

自録「市民立法」——阪神・淡路大震災—市民が動いた!（市民＝議員立法実現推進本部＋山村雅治）
菊並製 544頁 **4800円**（1999年7月刊）◇978-4-89434-144-9

現代日本人の生のゆくえ——つながりと自律（宮島喬・島薗進編）
四六上製 480頁 **3800円**（2003年2月刊）◇978-4-89434-325-2

福祉実践にかけた先駆者たち——留岡幸助と大原孫三郎（兼田麗子）
四六上製 360頁 **3800円**（2003年10月刊）◇978-4-89434-359-7

全体小説を志向した戦後文学の旗手

野間 宏（1915–1991）

1946年、戦後の混乱の中で新しい文学の鮮烈な出発を告げる「暗い絵」で注目を集めた野間宏は、「顔の中の赤い月」「崩解感覚」等の作品で、荒廃した人間の身体と感覚を象徴派的文体で描きだした。その後、社会、人間全体の総合的な把握をめざす「全体小説」の理念を提唱、最大の長篇『青年の環』（71年）を完成。晩年は、差別、環境の問題に深く関わり、新たな自然観・人間観の構築をめざした。

「狭山裁判」の全貌

完本 狭山裁判（全三巻）

野間 宏

野間宏『狭山裁判』刊行委員会編

『青年の環』の野間宏が、一九七五年から死の間際まで、雑誌『世界』に生涯を賭して書き続けた一九一回・六六〇〇枚にわたる畢生の大作「狭山裁判」の集大成。裁判の欺瞞性を徹底的に批判した文学者の記念碑的作品。〔附〕狭山事件・裁判年譜、野間宏の足跡他。

限定千部

㊤六八八頁 ㊥六五四頁 ㊦六四〇頁

菊判上製貼函入 **三八〇〇〇円（分売不可）**

（一九九七年七月刊）

◇978-4-89434-074-9

一九三三年、野間宏十八歳

作家の戦中日記（一九三二―四五）㊤㊦

野間 宏

編集委員＝尾末奎司・加藤亮三・紅野謙介・寺田博

戦後文学の旗手、野間宏の思想遍歴の全貌を明かす第一級資料を初公開。戦後、大作家として花開くまでの苦悩の日々の記録を、軍隊時代の貴重な手帳等の資料も含め、余すところなく活字と写真版で復元する。

限定千部

㊤六四〇頁 ㊦六四二頁

A5上製貼函入 **三〇〇〇〇円（分売不可）**

（二〇〇一年六月刊）

◇978-4-89434-237-8

全体小説作家、初の後期短篇集

死体について

野間宏後期短篇集

野間 宏

「未来への暗示、人間存在への問い、そして文学的企みに満ちた傑作『泥海』……読者はこの中に、心地良い混沌の深みを見るだろう。」（中村文則氏評）

〔収録〕「泥海」「タガメ男」「青粉秘書」「死体について（未完）」（解説・山下実）

四六上製 二四八頁 **二二〇〇円**

（二〇一〇年五月刊）

◇978-4-89434-745-8